中国人民大学
前身时期校史读物

人民的大学

华北联合大学

1939—1948

HUABEI LIANHE DAXUE

中国人民大学前身时期校史读物编委会 ◎ 编

中国人民大学出版社
·北京·

中国人民大学校史编纂工作委员会

主　任：靳　诺　刘　伟
副主任：张建明　王利明　伊志宏　吴付来　洪大用
　　　　贺耀敏　吴晓球　郑水泉　刘元春　杜　鹏
委　员：黎玖高　郝立新　郭洪林　顾　涛　王宏伟
　　　　齐鹏飞　葛秀珍　刘凤良　王　轶　林建荣
　　　　龙永红　牟　峰　杜小勇　韩东晖　罗建晖
　　　　王小虎　张晓京　武　雷　补利军　张　卯
　　　　李　明　张　雁　纪红波　孙华玲　李　鹏
　　　　费　佳　郭海鹰　李　惠

中国人民大学 80 周年校庆系列出版物编写工作委员会

主　任：张建明
副主任：贺耀敏　郑水泉
委　员：顾　涛　齐鹏飞　李永强
顾　问：周建明　孙　郁　王安陆　牛润珍　周　石
　　　　王学军　阚红柳　耿化敏

中国人民大学前身时期校史读物编委会

主　任：郑水泉
编　委：李　惠　刘　志　楚艳红　高燕燕　蒋利华　陈伟杰

本书编写人员

楚艳红　陈伟杰　肖国华　李　聪　李晨远　余洋韵
冯芳芳　杨雅珺

本书由中国人民大学江西校友会资助出版

谨以此书向人大前身时期牺牲的烈士致敬！向所有为探索中国特色高等教育之路而默默奉献的前辈们致敬！

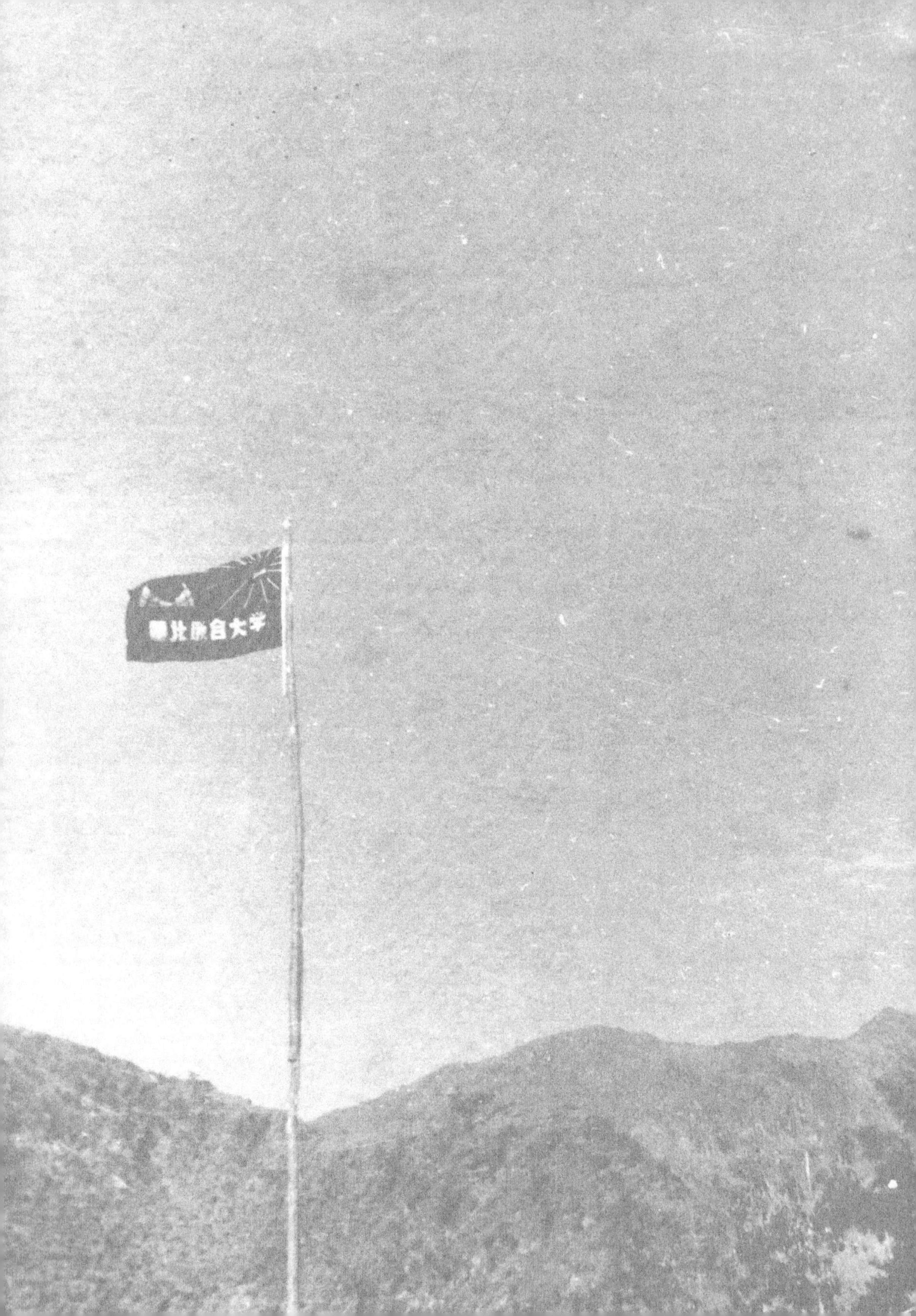

序

从1937年陕公初创,到1950年人民大学正式命名组建,这十三年是人民大学的前身时期,是中国共产党领导人民进行波澜壮阔的抗日战争和解放战争的重要时期,也是中国共产党在革命实践中探索如何创办高等教育的重要时期。陕北公学、华北联合大学和华北大学不仅见证、参与和推动了抗日战争和解放战争的宏伟历史,直接奠基和孕育了中国人民大学这所新型正规大学,而且在实践中探索和积累了宝贵的办学经验,成为中国共产党创办新型高等教育的典范,为新中国社会主义高等教育体系的建立奠定了良好基础,在中国高等教育史上留下了光辉篇章。

今年恰逢中国人民大学建校80周年,为重温那段激情燃烧的岁月,学校组织人员精心编写出版《陕北公学》《华北联合大学》和《华北大学》,旨在生动地再现那个信仰坚定、青春激扬的革命年代的新型大学风貌。党所创办的学校虽几易其名、合并重建、辗转逾千里,而办学初心不改、救国之志弥坚,折射出中国共产党领导下的知识精英群体在国家民族危难之时义无反顾投身革命洪流的责任担当。此中既有荡气回肠的"中国不会亡、因为有陕公"的豪言壮语,有华北联大坚持

人民的大学
华北联合大学（1939—1948）

敌后办学的英雄事业和历史奇迹，有华北大学迎接新中国的喜悦与宏大的办学气象，也有一些师生难忘的记忆片段，从中可以感受到那个年代那群知识分子和革命青年忧国忧民、坚持理想、敢于牺牲的精神境界，以及民主团结、热情高涨的革命氛围。

历史不能重来，历史更不能被遗忘，让我们通过这些故事触摸和走进人大前身那短暂但在党创办高等教育的历史上有着开天辟地意义的十三年，去感知陕北公学、华北联合大学和华北大学为中国高等教育事业所铸就的卓越功勋，去汲取让我们今后更加坚定前行的力量。

历史是前人留给我们的宝贵精神财富，我们要研究、宣传、学习、传承人大校史和八十年来的人大精神，以期教育、指引和启迪后人。

党委书记 靳诺　　校长 刘伟

2017 年 8 月 8 日

人民的大学

—— 華北聯大介紹 ——

東北書店印行

华北联大是在敌后办起的第一所高等学府，这是历史上从来没有过的，是英雄的事业，是插在敌人心脏上的一把剑。

——爱国人士李公朴在城南庄华北联大开学典礼上的讲话（1939年11月7日）

在中国敌人后方的根据地，有一批国内第一流的、著名的学者、教授，他们在艰苦的条件下办大学、同人民一起战斗，这是历史的奇迹，充分体现了中国共产党人的革命精神。

——摘自1942年曾到华北联大做报告的英国勋爵林迈可（Machael）教授的回忆录

目录

第一篇　办学初心终不改　/ 1

（一）九年曲折发展简史　/ 4
　　1. 前身四校　/ 4
　　2. 在战火中诞生　/ 10
　　3. 在农村中发展　/ 13
　　4. 在残酷的战争环境里坚持　/ 16
　　5. 在城市的一年　/ 17
　　6. 回到农村　/ 19

（二）华北联大各院系概况　/ 22
　　1. 文艺学院　/ 22
　　2. 教育学院　/ 27
　　3. 外国语学院　/ 29
　　4. 政治学院　/ 31
　　5. 平剧与平剧学院　/ 32

第二篇　革命壮志苦愈坚　/ 35

（一）三千里行军赴前线　/ 38

1. 别了，延安！　/ 38

　　2. 不渡黄河非好汉　/ 41

　　3. 难忘行军夜，突破封锁线　/ 42

　　4. 栉风沐雨，日行千里　/ 46

（二）晋察冀边区的最高学府　/ 49

　　1. 城南庄建校　/ 49

　　2. 在炮火中庆典，在战斗中学习　/ 51

　　3. 动荡环境中的学习：汲取知识，磨砺心志　/ 53

　　4. 联大的毕业生　/ 61

（三）火热的联大生活　/ 63

　　1. 民主友好的氛围　/ 63

　　2. 战火中的青春　/ 69

　　3. 联大女生　/ 78

　　4. 为有牺牲多壮志：联大烈士的故事　/ 81

第三篇　服务人民锻筋骨　/ 87

（一）联大教育思想摘编　/ 90

　　1. 联大不同于旧大学之处　/ 90

　　2. 华北联大校刊《联大生活》　/ 93

　　3. 关于青年修养的几个问题　/ 94

　　4. 为工农兵服务——知识分子的路　/ 100

　　5. 文艺工作要走群众路线　/ 102

　　6. 我们应该用什么态度来纪念中共生日　/ 104

　　7. 大反攻前夜的教师节　/ 106

（二）在劳动的熔炉里　/ 108

　　1. 参加大生产运动　/ 108

　　2. 参加土改　/ 113

目录

（三）前线的文艺轻骑兵 / 122
    1. 排演苏联话剧的幕后故事 / 122
    2. 在联大学美术的故事 / 123
    3. 太行山麓的一簇小红花 / 127

第四篇 群星璀璨英名传 / 131

1. 老当益壮的于力院长 / 133
2. 江隆基：革命度一生，教育树功业 / 136
3. 人民的音乐家：冼星海 / 140
4. 周扬："殚精竭虑，追求真理" / 144
5. 吕骥：音乐为了人民 / 148
6. 艾青："太阳的使者" / 152
7. 何洛与《安娜·卡列尼娜》的奇缘 / 157
8. 宋涛边区教书育人 / 159
9. 胡华初登讲坛 / 161
10. 贺敬之："时代的歌手、人民的诗人" / 165
11. 田华："党的女儿" / 169
12. 郭兰英：人民的喜儿 / 172
13. 山沟沟里的蓝眼睛——记马克西莫夫 / 178

附 录 / 183

（一）敬礼联大——诗两首 / 185
（二）华北联合大学大事记 / 190
（三）华北联合大学统计表 / 211

参考文献 / 213

第一篇
办学初心终不改

华北联合大学的任务与使命

华北联合大学应该是为抗日战争服务的一支文化纵队。因此,开展文化抗战、粉碎敌伪的奴化政策,为保卫中华民族几千年的文化而斗争,是华北联合大学要努力完成的任务。

华北联合大学应该是文化战线上的一块前进阵地。所以,反对买办性的封建主义文化教育、开展新民主主义的文化教育,便是华北联合大学的一项神圣任务。

华北联合大学应该是推进华北抗战的一个有力杠杆。因而,帮助华北地区的党、政、军、民各界培养、提高各种干部,推动华北敌后的抗日战争,就是华北联合大学最主要、最实际的任务。

——摘自《华北联合大学章程》

(1940年1月)

人民的大学
华北联合大学（1939—1948）

（一）九年曲折发展简史

1. 前身四校

　　抗战初期，国民党的"要员"及其大军狼狈地逃到了黄河南岸，日本法西斯的机械化兵团连夜跟踪追击，也没有赶上。华北的同胞就这样轻易地被扔在敌人铁蹄下了。八路军与之相反，他们从陕甘宁边区出发，渡过黄河，一直向东挺进到了渤海之滨，开拓了敌后广大的根据地。被遗弃的人民又回到了祖国的怀抱里。为配合这一斗争，在"七七"事变两周年之际，华北联合大学在中国共产党中央所在地——延安产生了。

　　此前，延安已有几个学校在训练抗日的各种干部。由于当时八路军在敌后普遍地展开了游击战争，建立了许多块解放区，需要大批干部坚持华北抗战局面，于是在延安的四所学校——陕北公学、鲁迅艺术学院、延安工人学校、安吴堡战时青年训练班，联合起来成立一所学校，又由于她是要到华北去开办，就取名"华北联合大学"。

鲁艺：中国共产党创办正规艺术教育的起点

1938年3月，在延安城北门外一里多的一个山坡上，鲁迅艺术学院建立了起来。这是中国共产党在抗日战争时期创办的第一所综合性的艺术类院校。为了把学校办好，中共中央决定鲁迅艺术学院成立学校董事委员会，成员既包括毛泽东、张闻天、周恩来等党中央负责人，也包括蔡元培、宋庆龄、何香凝等社会知名人士和学者，及鲁迅的夫人许广平。建院之初，鲁迅艺术学院根据中共中央的指示成立院务委员会，实行集体领导。

1938年4月10日，鲁迅艺术学院在延安中央大礼堂隆重举行开学典礼。典礼上，沙可夫回顾了学校创建的经过，多位中共中央领导在典礼上讲话，毛泽东为鲁迅艺术学院亲自题写了校名。

鲁迅艺术学院建院初期设戏剧系，主任为张庚，教员有崔嵬、左明等；音乐系，主任为吕骥，教员有向隅等；美术系，主任为沃渣，教员有丁里等；以后增设文学系，主任由周扬兼任，不久由沙汀代理。

鲁迅艺术学院开设的课程分为必修课、专修课和选修课三种，此外，还有时事报告和专题讲座。

据同学们回忆，周扬讲授"艺术论"和"中国新文学运动史"，吸引了全校各系的学生。他讲课时没有什么提纲，而是侃侃而谈，有说有笑地看看这边同学，望望那边同学。张庚讲授"戏剧概论"和"中国话剧运动史"，不仅使戏剧系的同学感兴趣，其他系的同学也有被吸引来听的。艾思奇讲授"哲学"，课程内容和他的著作《大众哲学》一样通俗易懂。他讲课时，

毛泽东为鲁艺题写校名

人民的大学
华北联合大学（1939—1948）

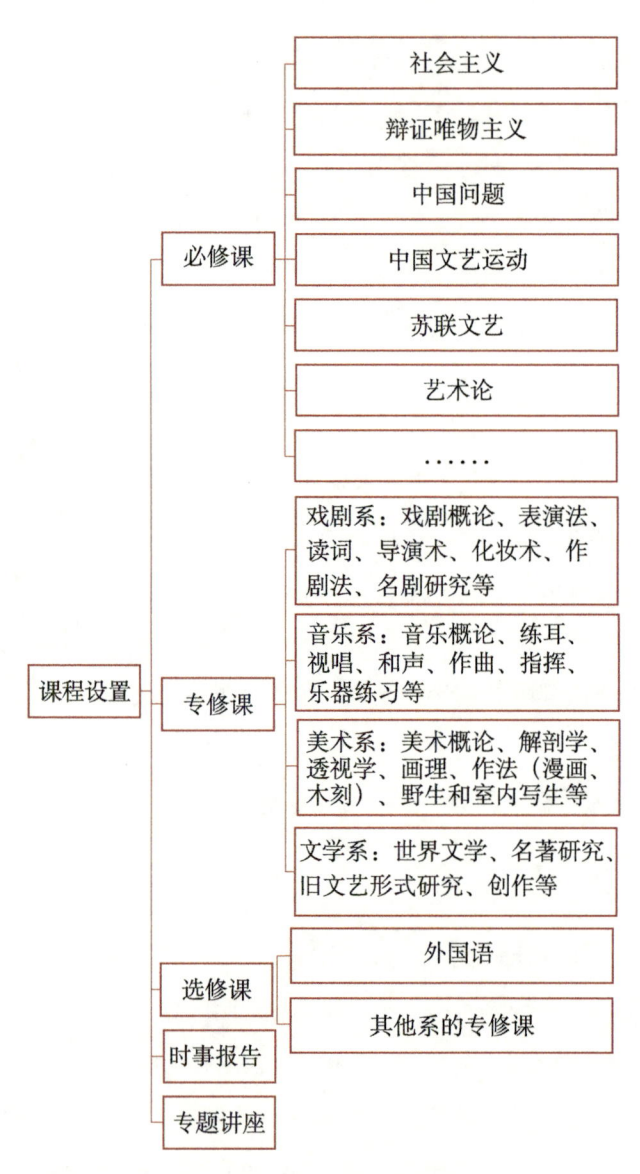

```
课程设置
├── 必修课
│   ├── 社会主义
│   ├── 辩证唯物主义
│   ├── 中国问题
│   ├── 中国文艺运动
│   ├── 苏联文艺
│   ├── 艺术论
│   └── ……
├── 专修课
│   ├── 戏剧系：戏剧概论、表演法、读词、导演术、化妆术、作剧法、名剧研究等
│   ├── 音乐系：音乐概论、练耳、视唱、和声、作曲、指挥、乐器练习等
│   ├── 美术系：美术概论、解剖学、透视学、画理、作法（漫画、木刻）、野生和室内写生等
│   └── 文学系：世界文学、名著研究、旧文艺形式研究、创作等
├── 选修课
│   ├── 外国语
│   └── 其他系的专修课
├── 时事报告
└── 专题讲座
```

鲁迅艺术学院课程设置示意图

习惯眼睛上看，在耶稣教堂院子里上课时，眼睛望着天空，一边讲一边好像在数着顶盖的树梢梢似的。此外，还有李富春讲授"中国共产党"，杨松讲授"列宁主义问题"，李卓然讲授"中国革命问题"……这是多有分量的课程！

1938年4月，中共中央宣传部讨论拟定、中共中央书记处通过并确立了鲁迅艺术学院的教育方针，即"以马列主义的理论与立场，在中国新文艺运动的历史基础上，建设中华民族新时代的文艺理论与实际，训练适合于今天抗战需要的大批艺术干部，团结与培养新时代的艺术人才，使鲁艺成为实现中共文艺政策的堡垒与核心"。

1939年5月10日，鲁迅艺术学院举行创立一周年纪念大会，中共中央领导人亲临大会并题词。毛泽东挥笔为鲁迅艺术学院题词："抗日的现实主义，革命的浪漫主义。"

刘少奇、陈云、李富春等的题词分别是："为大众文艺的创作而努力"，"抗战建国中一枝大的力量"，"发扬鲁迅的精神创造中国大众的新艺术"。

1939年7月，根据中共中央的决定，鲁迅艺术学院和陕北公学、安吴堡战时青年训练班、延安工人学校合并组成华北联合大学，开赴华北敌后抗日前线办学。鲁迅艺术学院改建为华北联合大学文艺部。

联大在前后九年的战火岁月中，培养出一大批文艺干部，创作出一大批为群众喜闻乐见的文学艺术作品，对发动和组织群众起到了重大的作用。

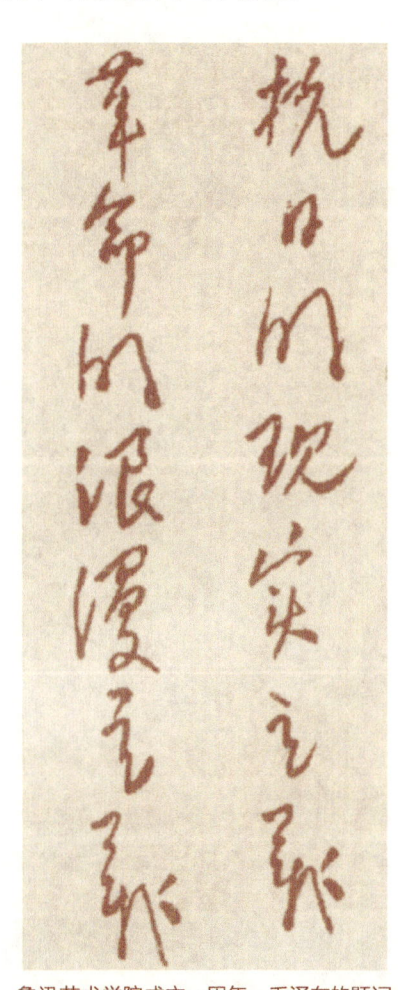

鲁迅艺术学院成立一周年，毛泽东的题词

人民的大学
华北联合大学（1939—1948）

鲁迅艺术学院成立一周年，刘少奇的题词

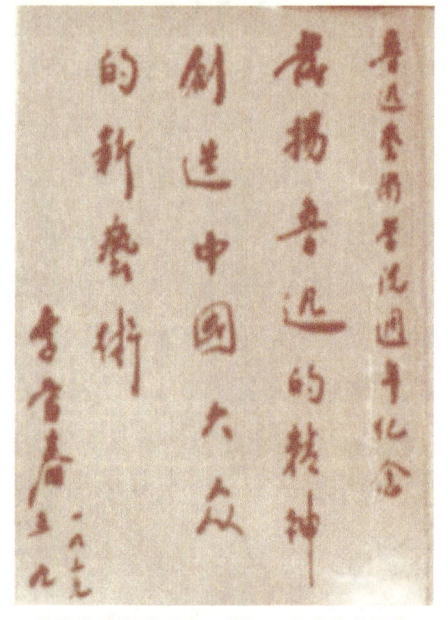

鲁迅艺术学院成立一周年，李富春的题词

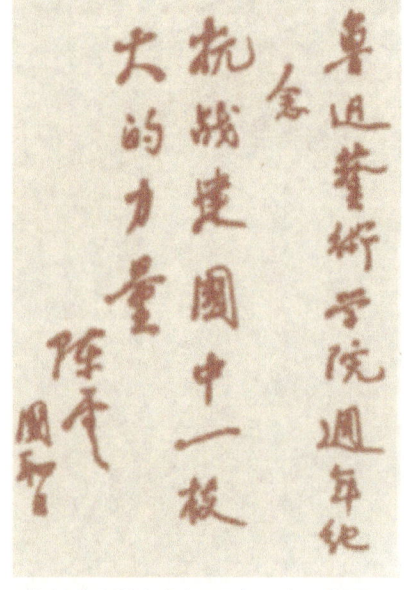

鲁迅艺术学院成立一周年，陈云的题词

安吴堡战时青年训练班："今天在故乡，明天在战场"

烈火的冤仇积在我们胸口，同胞们的血泪在交流，英雄的儿女在怒吼，兄弟们（有）姐妹们（有）你听见没有，敌人迫害你，群众期待你，祖国号召你，战争需要你，你醒，你起，拿起你的武器，学习工作，工作学习，一切为胜利，今天我们在青年的故乡，明天我们在解放战争的战场。你看！我们的旗帜迎风扬。你看！我们的前途万里长，万里长。

这是 1939 年春由胡乔木填词、冼星海谱曲创作的安吴堡青训班班歌，这首歌唱出了安吴堡青训班学员报国心切、救亡图存的心声。

青训班第一期于 1937 年 10 月 11 日举办，当时称为战时青年短期训练班（以后又相继改称战时青年训练班、中国青年干部训练班），朱德为名誉主任，冯文彬任主任，乐少华、胡乔木、刘瑞龙先后担任青训班负责人。从第四期开始，青训班搬到了安吴堡，安吴堡战时青年训练班由此正式得名。随后，青训班不

陕西省泾阳县安吴堡战时青年训练班旧址

断发展壮大，吸纳了一大批心怀报国之志的青年学子和工人。学员们带着各自的社会背景，从不同的环境中来到中国西北的这块穷乡僻壤，但目的都是共同的，即"打日本、救中国"。

安吴堡青训班的成长和壮大得到了中共中央的关怀与支持。在初期，办青训班一期需要经费 200 银元，党内有些人士觉得办青训班经费过高，而延安已经有了抗大、陕北公学等学校，要求停止办班。而毛泽东坚持要办，认为不但要办，还要办得更好，并亲自写条给抗大教育长罗瑞卿，要求选送红军干部支持青训班。此后，毛泽东还多次接见和勉励青训班学员。1939 年，青训班成立两周年纪念时，毛泽东为青训班题了词：

> 带着新鲜血液与朝气加入革命队伍的青年们，无论他们是共产党员或非党员，都是可宝贵的，没有他们，革命队伍就不能发展，革命就不能胜利。但青年同志的自然缺点是缺乏经验，而革命经验是必须亲自参加革命

斗争，从最下层工作做起，切实地不带一点虚伪地经过若干年之后，经验就属于没有经验的人们了！

根据中共中央的决定，1939年7月初，安吴堡青训班转移到延安，除少部分人留在中共中央青委工作外，大多数人编入了华北联合大学青年部。

延安工人学校

1939年3月，中共中央职工运动委员会准备以抗日军政大学职工大队为基础筹办延安工人学校。延安工人学校成立后还没有来得及正式建设，就于1939年6月按照中共中央的决定与陕北公学、鲁迅艺术学院、安吴堡战时青年训练班合并组成华北联合大学，开赴华北敌后抗日前线办学。延安工人学校改建为华北联合大学工人部。

陕北公学回延安

1939年6月，中共中央指示陕北公学到延安集结，准备成立华北联合大学，开赴敌后解放区根据地。消息传开，陕公学员们的心情既兴奋又豪迈，为了神圣的民族解放事业再上前线，大家都深感光荣和职责重大。6月下旬，陕北公学一千多名师生陆续向延安进发。这支队伍士气高昂，一路行军一路歌，行军路上处处是课堂，除了军事演习、纪念党的生日等多种形式的教育以外，行军途中休息时讲课、起程后讨论，行军不忘学习。7月初，陕北公学师生到达延安。

至此，陕北公学、鲁迅艺术学院、安吴堡战时青年训练班和延安工人学校于1939年7月在延安会合到了一起，华北联合大学的历史篇章正式开始书写。

2. 在战火中诞生

（1939年7月—1939年9月）

1939年7月7日，华北联合大学正式成立，成仿吾担任校长。成立之初的华北联合大学设四个部和文工团，陕北公学改编为社会科学部，部长由江隆基兼任，江隆基为经济学家，曾留学德国。鲁迅艺术学院改编为文艺部，沙可夫任部长，沙可夫曾留学法国与苏联，有不少翻译作品。安吴堡战时青年训练班改编为青年部，由申力生兼任部长。延安工人学校改编为工人部，由朱改任部长。文工团由原陕北公学流动剧团和鲁迅艺术学院的一部分同志组成，共50余人，黄天任团长。

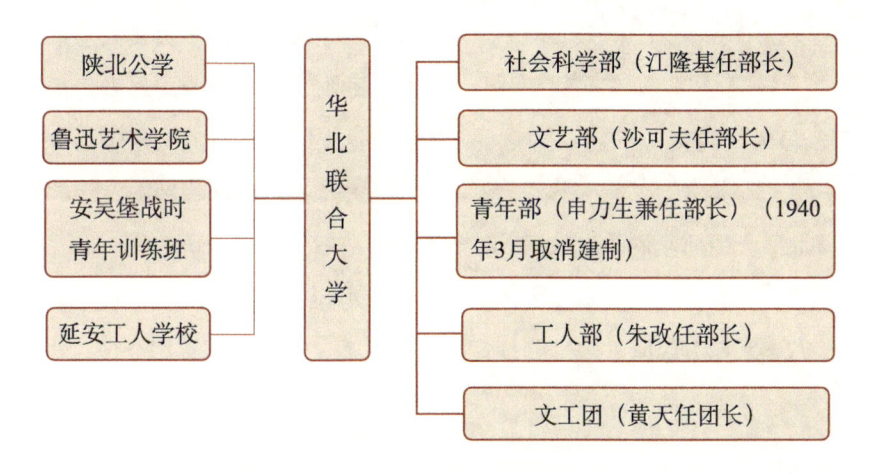

建校之初的华北联合大学组织机构示意图

"民族的儿女们，联合起来，到敌人后方开展国防教育，为了坚持华北的抗战……"正如校歌中唱到的那样，在抗日严峻的形势下，华北联大的主要任务就是开往敌后，进行国防教育。华北联合大学是中国共产党领导的抗日民族统一战线的产物，她为抗日战争服务，也随抗日战争而发展；她是中国共产党中央领导的一支教育兵团、一支铁的文化纵队。

诚然，成立华北联大是历史上的创举，是"开天辟地"的工作，动荡的环境、敌人的后方、分散的村落、新式的大学教育……这一切困难都需要克服，都需要不断去摸索、创造。但在毛泽东的教育下，在成仿吾、何干之、江隆

人民的大学
华北联合大学（1939—1948）

联大负责同志合影
（前排从左至右：于力、何干之、林子明、成仿吾
后排从左至右：沙可夫、刘介愚、艾青）

1939年"七七"纪念大会——在这个会上开始了
有历史意义的敌后挺进

基、沙可夫等各位联大负责同志的领导下，师生们毫不畏惧，迎难而上，他们有着慷慨激昂的革命豪情，以天下为己任，把革命的抱负和民族的命运担在了双肩上。

为了帮助新组建的华北联大克服困难，中共中央许多负责同志，如博古、王明、毛泽东、周恩来，都先后来给这支即将出发的队伍做了一系列的报告。就是在这些精神食粮的补给下，华北联大的师生们斗志昂扬，吹响了开赴敌后的出征号角。

为了行军方便，中央军委决定，同去敌后办学的抗日军政大学和华北联大合编为八路军第五纵队，罗瑞卿任司令员兼政委，成仿吾任副司令员。华北联大编为一个独立旅，成仿吾任旅长兼政委。军委还决定一二〇师的三五八旅派两个主力团护送纵队通过敌人防线。1939年7月12日，华北联合大学以第五纵队独立旅的番号从延安出发。一千五百名徒手的教职学员，自己背着行李，带五天的干粮，在校长的领导下，不畏艰险，渡过了直泻奔流的黄河，爬过了无数高耸云霄的大山，也冲过了日本军队防备严密的同蒲铁路和汽车路。他们曾在冷风、暴雨、高山、深沟中，一天一夜连续行军，冲出了日军的前后夹击。经过三个多月的长途跋涉，才到达了晋察冀解放区

（这是第一个在中国北方建立起来的抗日根据地）。

刚到不久，就遇到日寇的冬季"扫荡"，因此，在举行开学典礼的第二天，全体教职学员立即投入了游击战争的生活。

3. 在农村中发展

（1939年10月—1942年10月）

由于战争，学校不能有固定的地区；处在乡村，各部住得很分散；财政困难，设备是非常简陋的，仅有少数的书籍。没有教室，没有宿舍，没有礼堂，没有好的桌椅板凳……大树下面就是课堂，农民家里腾出的土房就是宿舍，广场当作了礼堂，用被子打成的背包代替了椅子，老百姓的大门板也可以当作黑板。教职学员的生活非常艰苦。参考书少，自己编印教材。教师不够，成立研究室长期培养。教学的经验不够，大胆去创造，教职学员共同开会研究。

在这样艰苦的环境下，华北联大不但坚持着，而且还得到了发展。

华北联合大学成立的任务，是训练各种干部，坚持华北敌后抗战；校训是："团结，前进，刻苦，坚定。"

按照中共中央北方分局和晋察冀军区司令员聂荣臻的通知，华北联合大学派出招生组到冀中、冀东、平西、北岳等各分区普遍招生，以求真正把华北联合大学办成为全晋察冀边区的最高学府。学员如潮水般涌入，他们知道，这里是学术的前沿阵地，也是探求真理和为实践进行精神武装的地方。第一期学员主要是联大前身四校中的同学，他们是从旬邑、延安、安吴堡和学校一起经过三千里行军抵达晋察冀敌后的，也有一部分学员是在城南庄建校时新入学的。1940年4月1日，第二期将近千名学员开始上课。7月，适应晋察冀当地的实际需要，新成立师范部，部长为李凡夫。李凡夫曾留学日本，对日本问题和国际问题均有研究。

人民的大学
华北联合大学（1939—1948）

中共十九周年、全面抗战三周年、联大周年纪念大会

中共十九周年、全面抗战三周年、联大周年纪念大会收到的锦旗

在全面抗战三周年之际，联大举办了成立周年纪念大会。

1940年10月中旬，根据中共中央北方分局指示，华北联合大学向正规化方向发展，将各部改为学院。社会科学部改为社会科学院，江隆基任院长，何干之任副院长，殷之钺任总支书记；师范部改为教育学院，成仿吾兼院长，李凡夫任副院长，吕文芳任总支书记；文艺部改为文艺学院，沙可夫任院长，甘霖任总支书记；工人部改为工学院，成仿吾兼院长，张淮三任总支书记。各院除原有专修科外，增设本科和预科。本科中社会科学院设法政、财政经济两个系；文艺学院仍设戏剧、音乐、美术、文学四个系；教育学院设教育系；工学院设机械和采矿两个系。本科修业年限是三至四年，预科修业年限是一年，专修科修业年限是六个月。预科已成立一个队（由原一个高级队改建），主要课程有马列主义、政治经济学、中国史、外国史、自然科学、外文（俄、英、日文）。华北联大招收第三期学员。

1941年2月，晋察冀的群众干部学校改编为华北联合大学群众工作部，原属晋察冀边区政府的抗战建国学院与华北联合大学社会科学院合并，改编为华北联合大学法政学院。7月，又设立高中部。在第三期学员毕业的同时，中共北方分局和晋察冀边区政府决定，华北联合大学扩大规模、增加招生，为全边区培养干部。至1942年7月，华北联合大学已设有法政学院、文艺学院、教育学院和群众工作部、中学部；学员超过三千人，全校教职工和学员共有四千多人。

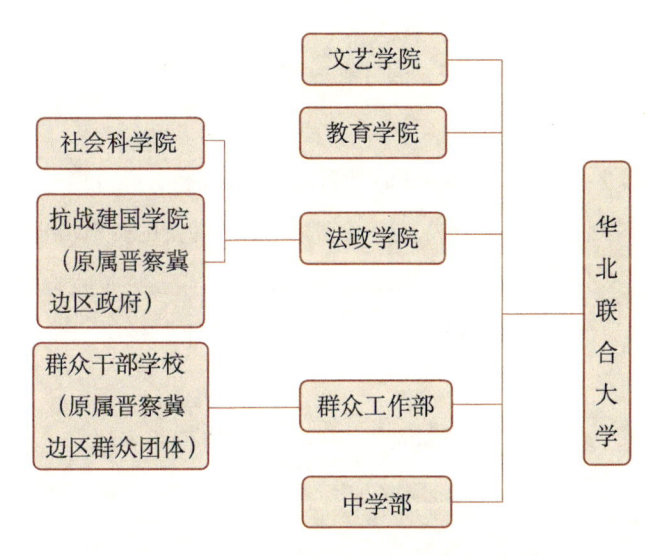

1942年7月的华北联合大学组织机构示意图

华北联合大学下设：
- 社会科学院
  - 抗战建国学院（原属晋察冀边区政府）
- 文艺学院
- 教育学院
- 法政学院
- 群众工作部
  - 群众干部学校（原属晋察冀边区群众团体）
- 中学部

8月间，日寇又动员了七万以上的大兵力，对晋察冀施行疯狂、残酷的秋季大"扫荡"，历时两个月之久，并采取了毒辣的"三光"政策（即见房烧光，见人杀光，见东西抢光）。全校四千多人分散到五个县的村庄里，和农民在一起打游击，展开对敌斗争，帮助秋收秋耕。

随着边区形势日益紧张，1942年10月，根据中共中央制定的精兵简政的政策，华北联合大学无奈缩编，只保留教育学院。教育学院在艰苦的环境中坚持办学，保存力量，准备在形势好转时再行复校。

4. 在残酷的战争环境里坚持

（1943年9月—1945年8月）

教育学院有教职工和学员二百五十人。院长于力，曾任北平燕京大学教授，在教育界服务二十余年。

此时，战斗频繁，听见枪炮声是很平常的事。生活更是艰苦，没有了粮食，就吃牲口食用的高粱豆类，而且定量较少，不能吃饱，随时还有进入游击战争的可能。

1943年的9月间，日寇又以四万的兵力，对晋察冀施行第二次大规模的秋季"扫荡"，时间超过了第一次，达三个月之久。课堂的教育再也无法坚持了，全体教职学员又分散到各个村庄里，同农民在一起生产，抢收抢种，同民兵在一起打击敌人。因此，他们得到农民的拥护，"扫荡"结束，农民们还不愿让他们离开。

1944年春，随着国际形势的演变，战争逐渐对日军不利，北平、天津等被日军占领的城市的青年学生，不堪压迫，纷纷冒着危险，离开家庭，越过日军封锁线，进入解放区来学习，参加抗日工作。为适应这一新形势，教育学院添设了一个政治班，专门吸收和训练这些青年学生。

这一年开展了大生产运动，教职工和学员都参加了劳动，有的种庄稼，有的背煤炭，有的发展纺织等手工业，用自己动手的办法克服困难，改善生活，减轻人民的负担。

到1945年8月日本投降时，全院教职工和学员已达六百人，并立即分成三个单位：一部分到天津近郊工作，一部分到北平近郊工作，一部分到新解放的城市——张家口继续办联大。

这几年是在最艰苦的环境下坚持的时期，特点是战争、生产、教育相结合。

5. 在城市的一年

（1945年9月—1946年9月）

进入张家口后，华北联大复校，恢复了原来的文艺、法政、教育三个学院和一个文艺工作团。文艺学院下设文学、戏剧、音乐、美术、新闻五系。法政学院下设政治、财经两系。教育学院下设国文、史地、教育三系。

复校后联大校长仍为成仿吾。副校长周扬是文学家，曾任延安鲁迅艺术学院院长、延安大学校长。教务长张如心是理论家，曾任抗日军政大学政治教育科科长、延安大学副校长；副教务长林子明，服务教育界二十余年，曾任燕京大学生物学教授。文艺学院院长仍为沙可夫；副院长艾青为中国著名诗人。法政学院院长仍为何干之。教育学院院长仍为于力；副院长丁浩川，曾任陕甘宁边区政府教育厅副厅长。文艺工作团团长仍为吕骥；副团长为周巍峙及张庚。

联大张家口校部的全体教职工和学员（1946年）

联大张家口校部的正门

1946年6月，新成立了外国语学院，下设俄文、英文两系。院长浦化人，曾任晋冀鲁豫解放区高等法院院长、延安编译局英文系主任。

人民的大学
华北联合大学（1939—1948）

秧歌队与群众在广场上活动

联大向群众宣传的标语

联大师生参与挖修西沙河

　　学生的来源主要是城市，占绝对多数的青年学生是从国民党统治的地区（如北平、天津等）来的。国民党曾在由北平通张家口之间的南口，设立严密的岗哨，拦截要进入解放区的青年，但他们仍然不顾一切危险，陆续涌入联大求学，愿到解放区受新式的民主教育。联大的教职工和学员，始终保持一千多人。

　　这一阶段华北联大配合了城市的中心工作。

　　1946年的春天，联大组织了两个慰问团，到前线慰问为争取和平民主事业而自卫的人民解放军战士们，大大地鼓舞了其斗争精神。不久又组织了大秧歌队帮助新解放的张家口市民，把旧历年过得空前热闹，并经常在市内宣传动员民众，努力参加争取和平民主事业的各项工作。

　　4月，全体教职工和学员一同参加了挖修市外西沙河的工程。劳动的热忱感动了城市的人们，密切了市民与学校的关系。

　　5月，除参加张家口市参议员的选举外，还进行了各种宣传和组

18

织的工作。

7月，大部分的教职工和学员又去到乡村实习，帮助政府推行耕者有其田的政策。这次实习使学员们参加了富有历史意义的土地改革，帮助农民翻身和得到土地，也使他们学习了不少实际的生动的知识。

9月初，随着国民党发动向解放区全面进攻的内战，飞机的威胁轰炸，学校又不得不暂时离开城市，离开张家口。

6. 回到农村

（1946年10月—1948年）

联大的同学们在张家口沙河义务劳动

1946年学校由张家口撤出后，经过八百里的徒步行军，通过当时国民党控制着的平汉铁路，到达河北省的中部平原，继续开课。学生大部分仍然是从国民党统治的北平、天津等城市来的青年。

学校仍然保持文艺、政治、教育、外国语四院。1947年延安平剧研究院并入华北联大后，共有五个学院。文艺学院下设文学、戏剧、音乐、美术四系及文艺工作团。政治学院下设政法、经济两系及短期的政治班。教育学院下设史地、教育两系。外国语学院下设俄文、英文两系。

1947年，解放区掀起了轰轰烈烈的土地改革运动，被压迫的农民要从封建地主的压迫下解放出来。为配合这一实际斗争，也为了使知识分子和劳动人民更紧密地结合，学校于7月、12月两次组织学生参加土地改革工作，时间达半年之久。他们一直分散到各个村子里，和农民一道生活、一道开会，当农民的学生，日夜为农民工作着。农民得到了土地、耕畜、粮食、工具，都把他们当

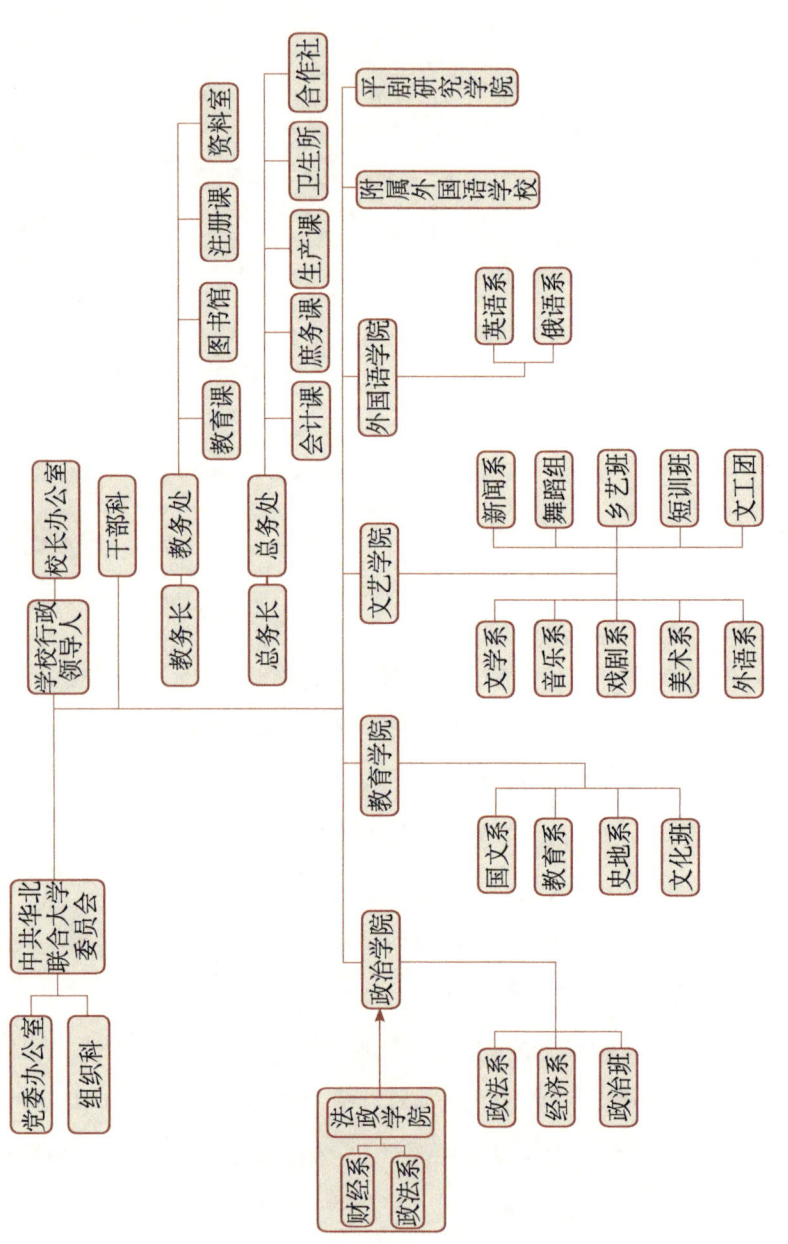

人民的大学
华北联合大学（1939—1948）

1945年12月—1948年8月华北联合大学机构设置图

- 中共华北联合大学委员会
  - 党委办公室
  - 组织科
- 学校行政领导人
  - 校长办公室
    - 干部科
  - 教务处
    - 教务长
  - 总务处
    - 总务长
      - 会计课
      - 庶务课
      - 教育课
      - 图书馆
      - 注册课
      - 资料室
      - 生产课
      - 卫生所
      - 合作社
  - 外国语学院
    - 英语系
    - 俄语系
  - 文艺学院
    - 新闻系
    - 舞蹈组
    - 乡艺班
    - 短训班
    - 文工团
    - 文学系
    - 音乐系
    - 戏剧系
    - 美术系
    - 外语系
  - 教育学院
    - 国文系
    - 教育系
    - 史地系
    - 文化班
  - 政治学院
    - 政法系
    - 经济系
    - 政治班
  - 法政学院
    - 财经系
    - 政法系
  - 平剧研究学院
  - 附属外国语学校

20

作自己最好的朋友。当他们返校时,村子里老人、青年、小孩都排成了队,打着鼓敲着锣,快乐地送他们走,有的一直送到村外几里地,有的暗暗地给他们衣袋里塞香烟、鸡子,老大娘们流着热情的眼泪说:"你们可好呢!麦收时千万到我这里来玩,不要不来。"

华北联大全校的教职工和学员转入学习和工作,努力地锻炼和提高自己。随着人民解放军在全国战场的战略性反攻,有更多的学生来到学校学习。

（二）华北联大各院系概况

1. 文艺学院

文艺学院的学员大部分是华北联大政治学院的毕业生，也有来自各剧团和各地方机关的，经过考试后按照个人的自愿和特长编入系里学习。教员大半来自延安鲁迅艺术学院，其中有的是在群众中有威望的作家，有的是在长期的文艺运动中经过锻炼，有丰富经验的艺术工作者。院长是艺术界有名的组织领导者沙可夫，副院长是著名的革命诗人艾青。

文艺学院的组织分四个系（文学、美术、戏剧、音乐），一个全院性的研究

文艺学院院长 沙可夫

文艺学院副院长 艾青

室，一个创作组和一个文艺工作团。研究室设研究与通讯指导两股，下分文、美、戏、音各研究组，全体教员为研究员，另有以研究为主要业务的研究员和研究生。

"培养忠实为人民服务的艺术干部"是文艺学院工作的目的。所以一方面要使每个学生有坚定的革命人生观，另一方面又要使他们有正确的革命艺术观。它的方针是"教学与实际密切结合，艺术与群众密切结合"，要达到这个目的，就必须走群众路线，这就是"从群众中来，到群众中去"（毛泽东语），既不是学院派的教条主义，也不是狭隘的经验主义。

课程内容，除了全校的政治讲座外，全院性的有文艺讲座（主要大课，包括文艺思想、文艺政策以及各种文艺专题报告）、社会科学概

音乐系的同学在上器乐课

戏剧系的同学在上课

论、国文（文学系免修）和唱歌等。文学系的课程有文学概论、近代中国文学史、创作方法、民间文学、文法与修辞、作品选读（包括外国和中国的作品）、写作练习、文学活动等；美术系有美术概论、色彩学、解剖学、素描、创作实习、室外写生、画家研究（外国和中国的名画家）、作品研究（外国和中国的名作）和民间美术研究等；戏剧系有戏剧概论、戏剧讲座（包括戏剧运动性）、

人民的大学
华北联合大学（1939—1948）

戏剧系学员和村剧团群众在一起

联大学员创作的街头画报

舞台技术（包括装置、灯光等）、化装、编剧、导演、表演、秧歌舞、排演和音乐等；音乐系有音乐讲座（包括音乐运动史、民间音乐研究等）、作曲法、指挥、乐队、乐器、乐理、记谱、唱歌等。课程的性质方面，业务和政治的比重为80：20，授课的时间占总学程的66%，实习工作和民主活动共占21%，其他活动（包括节假期）占13%。

学习时间随着实际需要而伸缩，自卫战争爆发后，两年毕业改为一年半，并由城市迁移到农村。到农村后，环境也为之一变，由于和广大群众生活在一起，对于贯彻与实际结合的教学方针，提供了更便利的条件。许多学生在文章里和日记本上，写着他们诚恳真实的感言："现在学一月胜过已往学一年"。如戏剧系学生帮助周围的村剧团，和群众一道创作、排演，往往这种实习工作的总结就是一门最生动的课程。文学系的文学活动重点放在和老乡交朋友上，借以熟悉群众的生活语言和思想感情，充实创作的准备。音乐系学生经常给各群众团体（妇女会、儿童团等）教唱歌。文学系主办的街头诗周刊和美术系主办的街头画报，很受群众喜爱，常出现这样的情形：老乡们利用休息时间一堆堆地拥在画报下与诗刊下，有的端着碗边吃饭边欣赏，有的掏出小本子抄写他们各自心爱的诗词和歌谣。因为那剧中的故事他们很熟悉，作品中的主人翁就是他们自己；这样就使得每个人的思想更深入了，表现能力也普遍地提高了。但大规模的更有组织的实习工作是"下乡"和"入伍"。学校经常派出文工团、临时宣传队和创作采访组到各地巡回演出，或体验生活改造思想，搜集各种材料（包括各种形式的民间艺术材料与部队战斗英雄和农民翻身英雄、劳动英雄的事迹等），或直接和广大农民一起搞土地改革，和战士一起攻打城市解放人民。回院后，即进行总结，并开展创作运动。

联大乡艺班在上课

联大乡艺班在排戏

　　文艺学院还经常轮流开办短期训练班和乡艺训练班（前者时间三个月左右，后者为半年），目的是提高各地剧团和宣传队的艺术水平，培养领导村剧团的干部，同时吸取好的经验教训充实各系的教学内容，这也是和实际结合的方法之一。

　　对于民间艺术的探求和研究，在教学内容中占着很重要的位置。除此之外，学校还常常派出代表和车马到各地邀请出色的民间艺人（如民间吹手、鼓手、歌手和各种地方戏的名演员）来直接参加教学工作或做研究性的表演。外

人民的大学
华北联合大学（1939—1948）

联大美术系同学举办展览

国的文学艺术也同样被尊重，这在正式的课程里和各种课外活动中也能体现出来。

课外活动在文艺学院特别活跃，不但能配合学习，而且能调剂生活。同学有学生会，干部有俱乐部的组织。经常筹办各种展览会，如苏联文艺展览会，布留葛尔、柯尔惠支等人的画展，成绩展览会，以及诗展、学术讨论会，定期的星期六娱乐晚会以及组织专题报告，邀请战斗英雄做报告和举行朗诵会，等等；干部的业余剧团曾经改编并演出过高尔基的名著《母亲》；同学干部共同演唱过《黄河大合唱》及本院创作组集体创作的《爱国自卫战争大合唱》。

这里是幸福的解放区，没有压迫和饥饿，也没有自私和嫉妒，一切艺术天才和智慧都能得到正常的发展，并能受到充分的鼓励；教员与学生是同志的关系，他们的作品，常在一个刊物上发表，在一个舞台上演唱；在讨论会上每个人都有发表自己任何意见的自由，如在文艺学院召开的第三届教育会议上，关于如何与实际结合，如何向民间学习的问题，曾展开了热烈的争论。

为了响应大时代的号召，全体学生和干部投入轰轰烈烈的农民翻身运动中，和人民一起参加土地改革的伟大革命斗争，创作了大量反映农民翻身的新作品。

文艺学院在伟大的中国人民解放战争中，起了应有的作用，培养、输送了许多艺术工作者走上各个战斗的岗位。一批批身背行囊、掌握着"为工农兵服务"的艺术武器的新文化战士，离开了这所人民的大学，分散到农村和城市的各个部门，奔向革命战争的最前线。

2. 教育学院

教育学院是华北联大各院中历史最长的一个。其前身是1939年华北联大建校之初社会科学部的教育系，1940年扩大为师范部，后来就改叫教育学院了。1942年日本侵略者对当时的抗日根据地进行疯狂的"扫荡"，前方迫切需要干部，法政学院和文艺学院都暂时结束，教育学院保留下来未曾中断。

1942年到1943年间，战争频繁，学院的流动性很大。往往刚停下来要上课，忽然发生了紧急情况，师生们就必须又打起背包来跟敌人"捉迷藏"。住处的门窗被烧毁了，师生们就自动手制造门窗编打草帘；人民生活都很苦，师生们就自己经营运输、开荒种地来补助给养并减轻人民的负担。1942年灾荒很严重，师生们曾经在很长时间内只能吃到黑豆和豌豆，实行很严格的量米为食。大家都处在半饥饿状态，但是谁也没有怨言。大家知道祖国在苦难中，自己正进行着生死的决斗。教育学院的师生们在艰苦的战争环境下坚持着国防教育的岗位。艰苦的环境锻炼了他们，使他们更加勇敢，更加坚定。

联大教育学院史地系的同学在讨论修改地图

1945年8月，日寇投降了。9月，华北联大挺进张家口，年底学校扩大，教育学院设了教育、史地和国文三个系。明确规定了任务：培养为人民服务的教育行政干部和中等教育师资。教育学院的政治思想课程跟其他学院是一样的，业务课程则有本院的必修课"教育概论"和"文教政策"；教育系另有"教育行政""小学教育""社会教育"等课；史地系有"中国通史""近代世界史""中国地理""历史研究法及教学法""地理研究法及教学法"等；国文系有"国文讲读""文法、修辞及文体研究""国文教学法"等。

为适应1946年7月以后的形势的需要，学校决定精简学系，缩短学习期限，国文系在这年的9月间合并到文艺学院的文学系。教育、史地两系的课程也大为精简。

除一般日常教学工作外，在实行"理论与实际结合"的教育方针下，收获良多。

1947年3月至9月，教育系全体同学到冀中一个工作基础比较好的县里去进行乡村小学教育、社会教育和教育行政的实习与研究。他们分散到二十几个村庄去工作，每月集中汇报讨论一次。他们在教学方法的改进上，在生产与教育结合的推行上，在整个村庄文化活动的组织推动上，在小学教师的学习与提高上都进行了不少的试验与研究，半年后回到学校进行了一个半月的总结讨论。经过这次实习，同学们对于教育工作的热情大为提高，不仅认识到教育工作对整个人民解放事业的重要性，而且对于从事教育工作也增加了兴趣。总结以后，他们怀着更大的信心走上工作岗位。

史地系同学曾经参加了三次土地改革工作。第一次在察南，第二次在冀中，第三次在冀西的井陉县。这三次土地改革时的国内形势有很大的变化，三次工作中的政策也一次比一次更深入、彻底，而同学们在这三次工作中的收

史地系学员做的中国活动地图

获也是不同的。如果说第一次的主要收获是对于中国农村的阶级关系和广大农民在封建半封建的土地制度之下的悲惨生活开始有所认识，第二次工作后的主要收获就是根据自己在工作过程中的表现，认真地检查了自己的思想和立场，而第三次的主要收获则是实际地学习了发动和组织群众的艺术和土地政策。经过这三次工作，他们对于当前中国革命最基本的任务有了比较全面的了解，为人民服务的人生观更明确地树立起来了。

联大教育学院史地系毕业典礼

3. 外国语学院

联大外国语学院1946年成立于张家口，旨在培养新民主主义政治坚定的英俄文翻译或外交工作干部。它的教育方针是"学以致用"，发扬集体学习与集体创造的精神。预定的期限是两年，在工作需要的情况下可以调整。第一期同学在短短的三个月中就毕业，他们愉快地走上了工作岗位——机关、学校、工厂、报馆、电台、解总办事处等。

外国语学院为了培养政治上坚定的新民主主义干部，主要强调以下几个方面：

第一，必须不断地锻炼自己的革命品质，因此必须在小组检讨会上掌握批评与自我批评的武器，不断地抛弃旧思想，接受新思想。多接近工农群众，老老实实为他们服务，并学习他们朴素的作风，是同学们所热烈追求的。生产运动，慰劳前方战士，土地改革，复查、平分等工作，同学们都热忱地参加了，从工作中他们已经认识到"工农兵"是自己的"母亲",他们愿意把自己的生命献给"母亲",为"母亲"服务到底。

第二,必须不断地学习掌握马列主义毛泽东思想,因之政治学习与活动极为重要。政治课占30%,已经学习过的有新民主主义论、国民党的批判、中国共产党党章、思想方法论等。为了加深了解程度,更熟练地掌握革命理论,课后都组织小组讨论会,联系实际问题分析讨论。解放区报上的重要问题或各种文件,更成为大家争相阅读的对象。每天虽只规定一小时的读报时间,但在饭前饭后、课外活动时间,许多同学都在热心地读报或漫谈与交流有关时局的意见。此外教务课与学生会帮助同学自由组织政治研究小组,有土改学习小组、马列主义学习小组、苏联研究小组等组织。

除政治学习外,两系的业务学习情况如下:

俄文系业务教育实施概况:(1)俄文系第一学年业务课程为:读本、文法、会话三种;第二学年为:文选、苏联历史、文法、作文、翻译、会话六种。(2)学习班——按个人俄文水准分为三个班,每隔三个月举行一次编班测验,根据测验成绩及平时成绩升班或降班。(3)研究室——俄文系全体教员为研究员,研究室的任务为加强研究员业务学习,提高教学效能。

英文系业务教育实施概况:(1)英文系课程分英文文章选、文法、翻译(口译及笔译)、作文、会话五种。(2)学习班——分三个学习班,各班程度距离约为半年。(3)研究室——分研究生与研究员两组,英文系全体教员及干部中长于英文者为研究员,英文系高级班次的学生考升为研究生,研究组的中心工作为研究翻译工作与教学方法等,每周出版英文译报。

这里需要说明的是学习精神的炽烈与学习方式的灵活。平时在饭厅中、宿舍里,以及在推磨、种菜等生产工作间歇,英俄语会话成为同学们恢复精神的兴奋剂。英俄文广播与黑板报是同学们创造出来的学习与实际联系的有效途径,在各种运动中、学习以及日常政治生活中,许多生动活泼的材料经收集和编辑之后，在大家吃饭的时候，由一位同志用喇叭筒向大家作口头广播（当然这与真正的播音机是有绝大差别的，它只能让饭厅以内的每位同志听见）。而一些新闻之类的东西便写在黑板报上，这样一方面推动和指导了学习，另一方面同学们学习了不少新鲜术语、表现方法与新字，所以黑板报与广播得到大家的喜爱。外国语学院的师生们正是通过这种创造性来努力掌握一种西方语言，并且要在坚定的政治立场上来运用它，为祖国的解放事业服务。

4. 政治学院

华北联大政治学院的前身是法政学院。1946年秋，更名为政治学院，成为华北联合大学的重要组成部分之一。除设有政法、经济两系外，还有较大规模的以思想教育为主的短期政治班。

政治学院的学生，来自国民党统治区城市，如平津沪等地的，占十分之七八，多是国民党所办的高中、大学的男女青年，也有国民党政府的公务员、军官、中小学教员和校长等。他们愤恨国民党的统治，长途跋涉，逃过特务迫害，打破关卡封锁，来到了华北解放区。本院学生极大多数是青年，也有个别鬓发灰白的长者，他们和青年们在一起生活、学习，打破了隔阂，变成"老青年"了。政治学院学生中也有来自农村的旧式知识分子，他们都决心要改造自己，接受新民主主义教育的洗礼。简言之，政治学院的学生，有经过革命锻炼的干部，有工农的子弟，有小市民和自由职业者的子女，也有很多富农、地主官吏以及资本家的子女。政治学院学生包括汉、蒙古、回族和台湾的青年。这些来自不同地区、不同家庭成分、不同民族的青年，同样享受着民主自由的生活。

政治学院由经济学家和历史学家何干之教授兼任院长；教员中有来自经济学、政治学、历史学、哲学领域的专家、学者。这些教员有的是共产党员，也有非党的民主人士，不论新的和旧的，不论解放区的或外来的，不论共产主义者或民主主义者,他们都在一个政治方向下,亲密地团结起来,为新民主主义教育事业而共同奋斗。

在教学方面,政治班以新民主主义政治思想为基本内容,使每个知识青年了解社会发展的一般规律与中国新民主主义革命的发展规律、百年来中国民族民主运动史、中国新民主主义革命路线与政策、中国解放区民主建设、中国共产党的历史,还有时事问题、青年思想问题以及土地改革的实习工作等。教学原则是理论与实践相结合。教学方法是根据"教三学七"的原则,教员先向学生学习七分,再教给学生三分,建立"自学互助辅导"的制度,践行教学上的群众路线。

活跃在运动场上的政治学院啦啦队

在生活方面,学习艰苦、奋斗、团结、前进的民主主义作风。吃小米饭,穿土布衣,在集体中过民主生活,培养集体的民主主义精神,改正各种旧的思想;各种问题,在小组、班、系以至全院内进行民主讨论,发扬自由思考与追求真理的精神;课余之暇,进行各种农业和手工业生产,或者帮助群众生产,养成劳动观点与学习做群众工作。各班、系或院学生会的民主选举,小组生活思想的民主检讨,以及毕业时学习成绩的民主评定等,都给政治学院的学生许多有益的锻炼。

5. 平剧与平剧学院

中国的传统戏剧包括各种各样的地方戏,如河北梆子、山西梆子、秦腔、四弦、平戏、汉戏、湘戏、绍兴戏、广东戏等。平剧则不限于地方，全国都有，到处都有它的观众。

华北联大平剧学院原为延安平剧（京剧）研究院，1947年转移到冀中后，划归华北联大。该院在冀中一带巡回演出《逼上梁山》《三打祝家庄》《红娘子》《打渔杀家》等多台剧目，受到广大军民的欢迎。1948年7月，该院独立为华北平剧研究院，即中国京剧研究院的前身。

第二篇
革命壮志苦愈坚

为新民主主义的大学教育开辟道路

华北联合大学就是中国共产党中央所领导的文化教育战线上的主力兵团之一。

她高举着鲜明的旗帜,她反对敌人的奴化教育,也反对亲日派、反共顽固派的亡国教育,她正在为新民主主义的大学教育开辟道路。她坚持抗日民族统一战线政策,主张并实行思想自由与学术自由研究,她创造了一套新的教学制度与教学方法,实行了政治指导与教育作业合一。和中国的旧教育正正相反地,联大是实行抗日的、民主的、大众的、科学的新民主主义教育兵团,是自由幸福的乐园。

联大的道路是中国新教育的唯一正确的道路,她推动了边区乃至华北的新民主主义文化教育运动,在边区的各种建设上联大都做出了伟大的成绩。

华北联合大学的旗帜永远是胜利的旗帜。

——摘自《华北联合大学二周年典礼专稿》,原文载于《晋察冀日报》

(1941年7月4日)

人民的大学
华北联合大学（1939—1948）

（一）三千里行军赴前线

1. 别了，延安！

华北联大的队伍从延安出发奔赴敌后的那天，不等天亮，人们即已起床忙碌了，有的无声无息地收拾东西，有的四处找朋友话别，也有的请首长题字作为临别的纪念，有的更在最后地欣赏着延安充满生气的早晨。

留恋但不是脆弱，惋惜但又有勇敢，愉快但又被沉重的心情忧扰着，人们的脸上，显示出了异于寻常的庄严、肃穆的表情。

延安——多么令人向往的地方哟！

每个早晨，温柔的阳光射在城东的古塔上，于是大地上又显示了它的生命，喁喁细语着的延水缓缓地流过城北，向远方永无休止地流去；勤于劳动的农民正扛着锄头，走向田野。清脆的铜号声，惊起了酣睡着的人们。广场、田野、汽车道上传来响亮而有节奏的跑步声、口令声，山上、河边、古城墙上洋溢着悦耳的抗战歌声。

每个傍晚，金黄色的失去威力的阳光，再由西边射在塔上时，饱经风霜终日忙碌的老人们，由田边山上赶着蠕蠕移动的羊群，走下了河槽；当月亮从东边的山头升起时,萤火虫已在河水上时明时灭地悠然地飞舞着,人们已经不声不响地紧张地忙于自己的工作或学习;山坡上从窑洞里面射出无数暗红色的灯光,远远望去,就像黑夜海洋里停泊着的一艘庞大的战舰,或是一座雄伟的堡垒似的。

这儿有富于强烈斗争性的人民,曾经手执红缨枪和反动派搏战十年,捍卫家乡田园,鲜血渗透过黄色的土壤。

也就是在这样一个古老、质朴但又是无限优美和充满生气的地方,住着东方伟大的革命领袖,以及他的无数亲密战友。

它像冬天的太阳,像黑夜中的灯塔,用温暖和光明照射了东方,东方不少国家的革命领袖来到这里吸取战斗的经验。

热血沸腾的青年,从全国各地投奔到它的怀抱里,接受它的洗礼、熏陶,然后走向四方去坚持抗战。

号声响了,队伍早已迅速集合到广场上,无数的人来欢送,中共不少负责同志也来了,手紧紧地握着,欢送与被欢送的人都有很多的话要讲,而且说不完,但又总难说出来似的,真挚、热诚、期待地从欢送人的口里不是吐而是迸发出来。

行进号吹响了,紧接着队伍出发,慷慨激昂地唱起:

这是时候了,同学们该我们走上前线,我们没有什么牵挂,总或有点儿留恋,我们的血已沸腾了,不除日寇不回来相见,快跟上来吧,我们手牵手,去和我们的敌人血战……

欢送的人群里响起了震耳的掌声,继之而起的是雄壮的口号声:"欢送联大到敌后方去开展国防教育!""坚持华北的抗战,打到鸭绿江边!""祝同志们胜利到达目的地!"

队伍走得很远了,但欢送的人群仍未散去,无数的手和帽子,还在空中挥舞着。

人民的大学
华北联合大学（1939—1948）

　　长长的没有武装的队伍，背着背包，肩上挂着干粮袋，手里拿着细长的带着各色花纹的棍子，怀着极端复杂的心情，移动着沉重的脚步，在宽阔的大道上，默默无语地行进着。有人不时地回过头去，向着古老的延安城，做最后的一瞥。

　　有人在低声地唱着《延安颂》。

　　天空漂浮着几丝云彩，变幻无定，田野一片碧绿，虫儿在田里唧唧地鸣叫着，雀鸟翱翔，时而从队伍上空掠过，偶然吹过一阵风，带来了野花的香气。

　　经过一段沉默的行进后，队伍很快地又活跃起来，歌声响起了："背起我们的行囊，带上我们的干粮，我们快去到解放的战场，战争就是学习，战场就是课堂，挺起我们的胸膛，一步步接近新中华的曙光……""嘿！我的一球碰四球。""嘿！……"

　　俱乐部文娱委员领导开展文化娱乐工作了，不知是谁碰输了球在被罚唱歌。

　　轻快矫健的脚步，整齐地打在平地上，队伍的速度加快了。师生们忘了背包的沉重，忘了身体的劳累，顾不上擦汗，头也不回地一直走向前去。

　　前面是白茫茫的一片，青灰色的远山隐约可见，拐过一个山坡又是一个山坡，路是无穷无尽地蜿蜒着。

　　天险的黄河，高耸的云中山，巍峨的太行山，战斗的晋察冀，斗争着的人民，战斗的学习，游击的生活……都在眼前展开了。

　　让惜别变成勇敢，让留恋变成力量。

　　再会吧，毛主席！

　　别了，延安！

2. 不渡黄河非好汉

"九曲黄河万里沙，浪淘风簸自天涯。"在行军的途中，华北联大的师生们也在九曲黄河之上留下了自己的印迹。

为了东渡黄河，队伍先是翻山越岭，从延安经延川、清涧、绥德、米脂、葭县等地步行了一个多月。这一路虽然艰辛，但也发生了诸多趣事。有的同学脚掌干裂了，露出了一丝丝泛红的裂缝，走起路来生疼。这时，有人出了个主意，把土豆烧熟了砸黏后糊在脚掌上就不疼了，这个办法很管用。在葭县境内，有一段路不是土路，而是自然的灰石板路，经太阳一晒，走在上面烫得很，就像走在热锅里似的，同学们就用脚尖和脚后跟倒换着走，大家都感到很有趣，笑嘻嘻地走着，有人开玩笑地说："可以治脚气病！"逗得大家哈哈大笑。

走着走着，远处忽然传来轰隆作响、如雷贯耳的声音，同学们十分惊奇："晴天哪来的雷声？"后来才知道是到黄河边上了，是黄河急流滚动的声音。大家都很兴奋，终于可以观看黄河奇景以饱眼福了！只见一带滔滔黄河，波涛汹涌，奔腾咆哮，由北向南滚滚流去，甚为壮观。

陕西省葭县的盘塘和对岸兴县的黑峪口，就是大队人马准备过黄河的渡口。队伍里的青年人有的从未见过黄河，一到渡口，沿路而来的劳累、困倦、脚掌疼全都抛诸脑后，全然被黄河的惊涛骇浪所震惊了：滚滚黄沙似从天上倾盆而下，山丘追着山丘，后浪逐着前浪，层层叠叠、互不相让地挤撞着直流而下，这声音也是惊天动地、响彻云霄。仰望高山，俯视大河，真是山高水深，同志们看到这奇景壮观，引吭高歌起来："我站在高山之巅，看黄河滚滚，奔向东南，金涛澎湃，掀起万丈狂澜，浊波婉转，结成九曲连环……""风在吼！马在叫！黄河在咆哮，黄河在咆哮！""黄水奔流向东方，河流万里长，水又急，浪又高，奔腾呼啸如虎狼……"

水声、歌声、朗诵声、欢笑声交织在一起，回荡在山间河谷。

在歌唱的同时，师生们看到了当地的乡亲用羊皮作浮物，一个人趴在羊皮做的浮物上，顺着流势一起一伏地游到对岸，当地老乡将这种渡河的方式视为家常便饭，同志们却将其视为惊险、勇敢，莫不感慨。此景此情也鼓舞、激励着同志们：不渡黄河一生遗憾，不渡黄河绝非好汉！

在葭县的党、政、军、民的帮助下，渡河队伍在陕西盘塘和山西黑峪口两岸斜着拴了一条粗绳缆，又找到了一条大木板做的大舢板，一板能装四五十人。队伍有一千五百多人，一共用了一天的时间才完全渡过。虽然舢板大，但人又多又重，又有绳缆阻挡着，即便掌舵和摇橹的老乡驾驶技术很高，也很熟悉水势、水性，但仍然抵不住黄河排山倒海的滚滚巨浪。舢板起伏颠簸得很厉害，浪花时时扑打到舢板上，溅得人们满身是黄泥水。师生们憨笑着满不在乎，等渡到对岸，登上岸来，便欢呼雀跃地高呼着："我们胜利了！"

"峰峦如聚，波涛如怒"的黄河就这样被豪情万丈的联大师生所征服。试想，他们能够如此驾驭黄河巨龙，又有什么困难不能克服呢？

3. 难忘行军夜，突破封锁线

1939年9月22日的深夜，联大的队伍到达了宿营地。这里距同蒲铁路只有五十里左右，距太原也不过七十里。当地的老乡说，夜间站在山顶，即可瞭望太原城的灯光。宿营地空间不大，四下漆黑，伸手不见五指，整整一团人都住在这里，离天明还有两三个钟头，大家坐在背包上合眼打盹。

第二天天亮，为了避免做饭暴露目标，队伍里仅烧了一些开水和稀粥，伴着干粮权当早饭。队伍很快地疏散到村子周围的山沟里隐蔽了起来，准备当晚过封锁线。

下午5时左右，哨子响了，人们像流水似的从一条条的小山沟里走出来，汇集在自己连的集合坊。华北联合大学一千五百名徒手的学生和知识分子，准备从敌伪据点的间隙逶迤穿插通过，突破戒备森严、岗楼林立的钢铁封锁线。

指导员讲话了："同志们！经过两个月的行军，我们是锻炼出来了。一会儿就要过封锁线，得走七八十里地，敌人也可能发现我们，向我们出击，但千万不要慌乱。无论如何，我们是只应该前进，不能后退的，我们一定要到达晋察冀……"

太阳还未落，队伍即出发，掩护过路的部队急行军跑到前面警戒去了。人们衔枚疾走，队伍行军速度很快，只是往常有笑有唱的愉快心情，今天却被紧张所代替了。这是独立旅的第七个夜行军。

当月亮缓缓从山坡升起的时候，跑步已代替了急行军，人们累得通身是汗，到达集合点共四十里的路程，一共才用了三个多小时。

在集合点，队伍在一个村边休息下来，村民们早已闭门休息了，这里是敌人的所谓"治安区"了，离铁道才十里地。月光一碧如洗，流星急逝成一条弧线划过沉静的天空，墙角下虫儿在低低细语，对着这陌生的人群的方向，从村里传过来狗吠的声音，微风吹着玉兰叶轻轻摇晃，发出嗖嗖的响声。好一个清凉的秋夜！但行军的队伍却时刻戒备着，无暇流连秋夜的宁静。

队伍再出发时，人们的心开始阵阵紧缩，就像是已经开始冲锋的队伍，勇猛地跑向前去。一团是全独立旅的后卫，一直是用跑步代替急行军。女同志的身体弱，快跟不上了，连长便号召大家更高度地发扬互助友爱的精神，于是两个身强体壮的男同志托架着一个女同志，大家一道向前跑。

跑下一个小土坡，即是敌人的公路，队伍在公路上跑了几百米远，就又跑上了东面的一个小土坡。不知是谁喊出了"枪上肩"的声音，师生们就不约而同地都把自己的棍子提起来扛在肩上。在月光的掩映下，胆小的敌人也一定分辨不出是枪还是棍子，也许根本就想不到会有人扛着棍子通过封锁线吧！

人民的大学
华北联合大学（1939—1948）

不久，就踏上了同蒲铁路的道轨。顿星云团长站在铁轨上，不断地向大家高喊着"胜利通过""安全通过""胜利过路"，鼓舞学员们一连接一连地奋勇跑过铁路。过了道轨，行军的队伍像卸去了一块沉沉的石头，人们的心情突然轻松起来，脚步自然放慢了一些，开始欣赏沿途的铁轨。但情况是严重的，时间是紧迫的，每个人投下最后的一瞥后，又回复到紧张的气氛里，匆匆向前跑去。

铁道东边站着护送第五纵队的七一四团的一位指挥员，他温和亲切地问道："同志们过完了没有？如果完了，我们就要撤警戒了。""同志们不要怕，沉着气，没有关系，今晚敌人不敢出来的！"有人告诉他后面还有病员以及运输队。指挥员看见后面队伍跑得很急，情绪也很紧张，就用这样的话来安慰大家。

离铁道十几里的一个村子里，住着鬼子及皇协军，英雄的勇士们，架着机关枪，对着敌伪军住着的院落的大门，吓得他们像乌龟似的把脑袋缩进甲壳里，再也不敢伸出来。队伍就紧贴着村边境过去。村中死一般的寂静，除了时而听见的狗吠声外，简直是万籁俱寂。

劳累、疲倦、饥饿袭击着每个人。最使人难受的莫过于口渴，"饥饿可忍，口渴难挨"，果然不无道理。但道路不熟，战斗的情况随时可能发生，谁敢叫开老百姓的门进去喝水呢？在村边有一坑浊水，顾不上讲卫生，有的同志就从挂包上取下缸子，舀

军民是一家——套起车来送伤病员

起污水来漱口解渴。

为了逃脱敌人的拂晓追击，沿路躺下休息的同志，鼓起勇气，抖擞着精神跟上来了，到达大山脚下时，确已到了人困马乏的地步，有的倒在地下休息，有的早已呼呼地沉入梦乡。一团长江隆基也从后面慢慢走上来，他的那匹高大的洋马上，早已满满地载着同志们的背包。

月亮偶尔被浮云遮住，四野就显得昏黑、静寂，当它从浮云的包围中冲出来时，大地又显出了光明和生机，星星越来越高也越稀，眼看天就快亮了。

叫醒了睡意沉沉的人们，重振起疲惫已极的身体，竭力向上爬去。山很高，爬爬，歇歇，再爬爬，上到山顶，天已大明！

一轮血红的太阳，正从东方慢慢露出头来，用它鲜丽的光芒，像慈母般抚摸着、温暖着这一群经过一夜辛苦的人们。远处传来飞机嗡嗡的声音，顺着这个方向看去，不远就是太原城。有人抑制不住兴奋地用嘶哑的喉咙开始低声吟唱。

下午4时，队伍又集合出发，路程是四十里。

集合时天气还是晴朗的，不一会儿就变了，乌云从四下里合拢而来，雨淅淅洒洒地下着，风也嘶嘶地刮起来。气温降低，迎着风雨袭来的阻力，抗拒着寒冷，队伍继续艰难前进着。沿途好不容易看见一座村庄，只可惜村内的建筑不是被烧穿了房顶，就是已成断壁颓垣，只余一片瓦砾了。

下山后，乌云四散，天终于放晴了。河槽里不少石

长长的行军队伍

子，道上还有积水，山遮住了月光，沟里显得暗淡，道路看不清，有时两脚就在石子上一歪一扭地忍痛着走过去。

队伍到达宿营地——南北温川，叫开门进到屋里休息时，已是 11 点左右，这里离敌人的一个据点（杨村）才二三十里地，前面有晋察冀欢迎师生队伍的子弟兵警戒着，人们也就安然地入睡了。村边有一个不大的池塘，有人拿出身上带的茶缸，舀着池水，一边痛饮，一边吃着干粮。这一池秋水，比琼浆玉露还要甘甜，沁人心脾，几乎被大家喝光。这时一路紧张的心情也顿时轻松了下来，大家一个个躺在地上就睡着了。江隆基看着这些可爱的青年，欣慰地笑了。

4. 栉风沐雨，日行千里

通过封锁线的第三天夜深，尖脆的哨音，惊破了南北温川一带的寂静，全连队的人都集合在河滩里。

司令员罗瑞卿讲话了，黑夜里，响亮、兴奋、有力的语句，像子弹般射击：

> 同志们！经过了两个多月的行军，我们克服了一切困难，打破了敌人层层的封锁线，我们是胜利了！我们有什么损失没有呵？有，那就是给敌人的同蒲铁路上印下了无数的脚板印。还有没有呵？有，那就是给敌人丢下了一些破草鞋……

这雄壮、骄矜、热辣、讽刺的讲话，兴奋和鼓舞了几天来始终未休息过的人们，疲劳消逝了，勇气增加了，精神轻快了。

天明，队伍出发，路程预定四十里。两边是山，长长的行列，从中间通过，歌声伴着笑声，在山沟里荡漾着。

才走出十多里的样子，几个乡亲背着铺盖卷，迎面走了过来，神色急促慌张。一会儿炮声也响了，人们的心情跟着紧张起来。原来敌人在前后夹击着我们，昨夜的宿营地已被敌人占领，今天预定的宿营地，也已被敌人占领，行军路线不得不临时改变。

山沟越来越窄，村庄也越来越小，队伍由一条不明确的道路，拐上去。罗司令员、成校长早已站在山头上，向气喘吁吁爬上来的人们亲切地问"累不累？"

四边都是连绵的山岭，看不见村庄，也看不见田地，有的是不着边际的荒山坡。坡上长着很茂密的药草，雀鸟成群地从这边树上自由地又飞到那边树上，鸟粪也斑斑可见，野虫儿喋喋不休地悲鸣着，一阵风吹过，荒草紧随着摇晃起来，蜿蜒、狭窄、酷似羊肠的小道，也生长着野草，这里间或也能看见不多的骡马粪，是一个人迹罕至的地方。

一会儿，乌云遮住了太阳，雨一阵一阵地洒到脸上、衣服上，肚中饥饿还是小事，最令人哭笑不得的是队伍总在山头上转来转去，拐过一个山头又是一个山头，迟迟下不了山。山上有一座庙，远远望去有十来间房子，到近处一看，已被敌人烧得开了"天窗"，连躲躲雨也不可能。

雨越下越大，由小雨点变成暴雨，山很高，西北风呼呼地刮得大了，气候骤冷，霎时，一阵像豌豆大的雹子，打在脸上发疼，风、雹交加，令人喘不过气来，几乎要闷死似的。

顾不上道边的矮刺树扯破衣服、划破腿肚，人们奋力地走上前去，小道泥泞，越来越滑，有的人甚至开始"跳舞"了。右边山下，雾气腾腾，白茫茫一大片，时而稀散，时而浓聚。此时此刻此景，旧文曰"满目荒凉，饥寒交迫"，实不为过。

雨停了，羊肠曲径逐渐低下去，看样子是要下山了，远处传来几声鸡叫，希望在眼前展开了。

下山时，天已黄昏，山上的流水从草鞋里脚背上冉冉地流过去。下到山底，希望幻灭了，原来这只是有两三户的一个小村子，顺着坡根盖了几间草房，这哪能是宿营地呢。

山沟沟有两三丈宽，不平整地铺满了鹅卵大的石子，夜幕撒下来，大地漆黑一片，相隔几步远，就什么也看不见。

拖着疲惫已极的身躯，师生们身上像刚洗过澡似的被雨水淋个遍湿，忍着寒冷，咬紧牙关，在黑压压的山谷里，踏着石子路，摸索着前进。不明显的道路，在这样的黑夜是很难找着的，何况前后又往往失掉联络。脚踏着石子嚓嚓的响声和拍掌的声音，在山沟里回荡着分外响亮。有的同志的布草鞋让石子刺穿了，有的同志鞋子丢掉了，顾不上取鞋，赤着双脚依旧在石子上行进。

天晴了，月亮不时从乌云里钻出来，把光辉投向大地，沟里显得明亮起来。沟左边有潺潺的流水声，水像一股瀑布似的从一丈多高的山窟里，倾泻下来，又一直向东流去，这是滹沱河的上游，水并不深，队伍也就顺着流水，蹚过来又蹚过去。

绿油油的高粱地出现了，鸡叫的声音也听得很真，于是希望又展开了。当明澈的月光，像水银般泻到山沟时，一个安静美丽的村庄，显映出来，像打了一针兴奋剂似的，人们精神倍增，脚步也加快了。

进村已是夜深，村干部告知：从南北温川到这里是一百廿里地，光山沟即是四十里，前些时十九团的队伍，因为完成截击敌人的任务，用一整天往这里走过一次。走时不觉什么，经他这一说，同志们倒又是惊讶，又是骄傲。

走进房子里，脱下湿的衣服，躺下就睡，等管理班同志找好粮食做熟饭时，人们早已进入梦乡。谈到睡觉，大概再也没有像此刻如此迫切和意外香甜了。

被追击、堵截，荒芜、凄凉、冷风、雹雨、饥饿、寒冷、深山、黑夜、小山沟、石子路……

一切的一切都留在后面，在毛泽东旗帜下的人们，是会永远向前的！

（二）晋察冀边区的最高学府

1. 城南庄建校

1939年9月下旬，第五纵队到达平山县时，适逢贺龙率领的一二〇师主力和聂荣臻率领的晋察冀军区部队在陈庄与敌人交战正酣。于是，华北联合大学的一部分警卫战士与抗日军政大学的部队同独立旅参谋长刘忠和顿星云的团一道前去助战。在陈庄经过六天五夜的激烈战斗后，我军以亡142人和伤415人的较小代价，围歼进犯之敌近1 300人，大获全胜。

陈庄大捷后，晋察冀边区政府、各抗日群众团体为庆祝陈庄大捷、欢迎华北联合大学和抗日军政大学胜利到达晋察冀边区举行了祝捷、欢迎大会。会上，贺龙、聂荣臻发表了激动人心的讲话，中共中央北方分局书记彭真做了有关国际国内形势的报告。华北联合大学文工团和由丁玲率领的西北战地服务团还在会上演出了精彩的文艺节目。

中共中央原定的是华北联大和抗大都在晋东南的太行山区办学，两校也拟在娘子关附近过正太线南下。但是到了晋察冀边区后，彭真、聂荣臻等人请求将华北联大留在晋察冀边区。他们认为：第一，晋察冀边区地域广大，包括北

人民的大学
华北联合大学（1939—1948）

岳区、冀中区、冀东区、平西区、平北区。各区急需华北联合大学为他们培训当地干部，并要求华北联合大学将一部分从延安来的干部输送给边区。第二，晋察冀边区靠近平、津、保、石等大中城市，可以通过地下党动员城市学生来学习，有充足的生源。第三，华北联合大学女学员较多，并且许多学员体质较弱，不宜长途行军冲过正太铁路封锁线转移至晋东南。

对此，中共中央复电表示同意，并决定由成仿吾任中共中央北方分局委员，抗日军政大学继续南下到晋东南办学。同期，中共中央北方分局决定，华北联合大学在中共中央北方分局和晋察冀军区所在地——河北阜平县城南庄一带建校，北方分局和军区机关搬到恒山脚下比较贫瘠偏僻的台峪、井儿沟一带去。

随后，按照指示，华北联合大学的队伍从灵寿县北行，于1939年10月10日来到阜平县城南庄一带暂时安顿下来。这里是敌人的后方，是抗日的前线，是和敌人刀兵相交的战场。

坐落在胭脂河和大沙河交汇三角洲的城南庄，是阜平县的一个大镇。镇上有商店、饭馆、药铺和一些手工作坊，每隔三五日还有很红火的农村集市。这里地势开阔，丛林茂密，盛产小麦、玉米和大红枣，在这"'平山'不平，'阜平'不富"的贫瘠山区，真是一块富饶的绿洲了。华北联合大学就驻在附近的村庄里，其中校部机关驻在易家庄，社会科学部驻在栗元庄，文艺部、青年部、工人部驻在花山和花沟口村，卫生处驻在瓦渣地村。

联大校旗在晋察冀边区高高飘扬

晋察冀边区是中国共产党创建的巩固的敌后抗日根据地，它完全处于日军的包围中。华北联合大学的驻地常常是在山区，有时距敌人的据点不足三十公里。山区地瘠民贫，群众生活十分艰苦，口粮不足，有时就靠野菜、树叶糊口。华北联合大学就在这样的环境和条件下开始办学，学校正式挂起"华北联合大学"的牌子，华北联合大学的旗帜开始在晋察冀边区高高飘扬。

2. 在炮火中庆典，在战斗中学习

1939年11月7日，华北联合大学在城南庄的打麦场上举行盛大的开学庆典。除了华北联合大学的师生以外，出席庆典的还有晋察冀边区党政领导、从大后方来的爱国民主人士李公朴及其带领的敌后教育考察团和学校驻村的干部、群众。晋察冀边区党政领导和李公朴都对华北联合大学建校表示祝贺，希望将华北联合大学办成晋察冀抗日民主根据地中模范的最高学府。

正值开学庆典热烈召开之时，突然，从东

李公朴

"华北联合大学是在敌后办起的第一所高等学府，这是历史上从来没有过的，是英雄的事业，是插在敌人心脏上的一把剑。"
——李公朴

李公朴题词

人民的大学
华北联合大学（1939—1948）

联大各部处负责同志于平山
（自左至右：何干之、江隆基、成仿吾、沙可夫）

方远远地传来了隐约的炮声，这让在场的师生们都很震惊。随后，华北联合大学接到晋察冀军区的紧急通知：敌人的冬季"扫荡"开始了！这次"扫荡"的中心是北岳区东部的第一、第三军分区，敌人开始向阜平方向进犯，西南部第二、第四军分区周围未见敌人增兵。军区命令华北联合大学向西南方向的平山、五台一带转移，并要求第二天上午就出发。于是，刚刚参加完开学典礼的华北联大师生们又再次踏上了征程。

学校一开始就提出"背起背包行军，放下背包上课"的口号，师生们每天白天行军途中休息时就聚集隐蔽在树林里上课，过起了边行军、边学习的战斗学习生活。为此，江隆基特地给大家做了"以战斗的姿态学习"的报告。他要求大家一定要充分认识当前的战争环境，要有"正确的思想准备"，要学会在战争环境中，战斗化地生活、战斗化地工作、战斗化地学习。江隆基说："战争的环境迫使我们必须战斗化，不战斗就不能生存，唯有战斗，才能保障生活、工作与学习的胜利。所谓战斗地学习，就是要很好地争取时间和利用时间，就是要在紧张的生活中，很好地把握时间，把一切可争取的、可利用的时间都用在学习上，使我们的一时一刻都不至于荒废。我们学习的时间是短暂的，也是宝贵的，在战争的环境里，我们能抽出宝贵的时间来联大学习，是多么幸运，多么难得呀！只要我们懂得利用时间，学习任务是一定可以完成的！"

在这样枪林弹雨的恶劣环境下，华北联合大学的队伍冒着风雪走了三天，雪越积越厚，山越上越高，到了第三天傍晚，队伍来到五台山脉的漫山。那晚，狂风大雪、严寒刺骨，风怒吼着从山口刮来，吹得人站不住脚，许多人被冻伤了脸和手脚。

在这次冬季"扫荡"中，敌人抽调两万余兵力进犯晋察冀边区东北部。1939年11月间，第一军分区杨成武部在河北易县雁宿崖、黄土岭地区歼灭日军北路总指挥阿部规秀中将率领的来犯之敌共1 400余人。阿部规秀被陈正湘团长指挥的第一团击毙，日本《朝日新闻》以通栏标题哀叹："名将之花凋谢在太行山上"。这次战斗的胜利使群情振奋，给了华北联大师生和全国抗日军民极大的鼓舞。

这次反"扫荡"到12月中旬结束后，华北联合大学奉令集合，准备返校复课。

3. 动荡环境中的学习：汲取知识，磨砺心志

于斯陋室，孜孜不倦

在晋察冀边区，华北联大的办学条件非常艰苦。

教室非常将就。天暖时，核桃树下就是课堂，每个同学的背包（后来各发一个马扎）就是坐凳，膝盖就是课桌。天冷后，借老乡两间闲房当作教室，搬来一排排片石或檩条当坐椅。

教材大部分是院部油印股油印的。有的课程全靠同学记笔记。因为发的纸张少，大家都节省用纸，字写得密密麻麻，有时还两面书写。1941年秋冬，德国法西斯已经打到莫斯科附近，日寇在加强对蒋介石诱降的同时，对我敌后抗

人民的大学
华北联合大学（1939—1948）

日根据地加紧"扫荡"，从此我敌后抗日根据地进入抗日时期最艰苦的阶段。有一天，文艺学院的一支分队正在山村树林里上课，突然东南上空来了一架敌机。同学们进行防空疏散时，发现飞机肚皮下冒出一股黑烟，原以为敌人在放毒，渐渐看出是纷纷下落的纸片，是敌人在散发宣传品。那些宣传品上写着："你们所谓的无产阶级祖国已经垮台，德国人已经打到苏联首都莫斯科。你们的末日已到，快投降吧！拿此证投降，可保证安全"等。对这些"劝降书""投降证"，同学们看了都感到好笑。大家当时正缺少学习用纸呢，同学们便把敌人单面印刷的传单捡回折叠起来，利用反面一钉，做成了很好的学习本。

书呢？奇缺而珍贵。名著、古典文学……各种版本的书，都是同志们冒着枪林弹雨，几经艰险保存下来的，凑起来也只有小小三木箱。有人为了减轻长途行军的负荷，宁肯丢掉唯一行军备用的鞋子，让脚板磨着地皮走路，也不肯丢掉心爱的文学名著。这真是，"在战斗中，人成为不幸者，书却成为幸存者"。同志们在豆油灯下、在月光下、在大树下、在洁净的河石上，贪婪地、全神贯注地细读中外名著。有时得到一本大家爱看的小说，如高尔基的《母亲》、鲁迅的《阿Q正传》，几个同学就利用课余时间分工抄写，复制一个手抄本。尽管条件如此艰苦，但是大家秉着"以蓝天为被，以绿草为毡"的精神，斗志昂扬，在这里充实了革命理论，确立了革命理想。

改造青年的思想，使青年认清时代认清自己，确立一个为人民服务的革命人生观，正是联大政治学习的目的。在教学实践中，联大形成了独特的政治教育方式：自学辅导制。这样的办法既可以发扬互助友爱的精神，补救文化水平的差异，又可以提高学员对学习的责任心、主动性、创造力。

自学辅导是怎样进行的呢？首先，确立了学习范围，包括"解放区建设""中国近代史""新民主主义""社会发展史""中国共产党介绍""毛泽东著作选读""群众工作""时事"等课程；然后，教员针对班上情况，规定学习材料，先作一次引言，明确本门课程学习目的和重点；接着，同学自发组织起来，分成若干互助小组，规定学习进度，并进行漫谈会与讨论会；最后，同学们将学习过程中形成的问题交给教员，教员加以组织系统化，为同学们解答，作为本门课程的结束。

互助小组是建立在自愿基础上的。三到四个人的小组里，要有文化水平高的，也要有基础较薄弱的。自愿的原则可以避免隔阂产生，使大家谈问题得以大胆深入；人数的限制，既体现了意见的广泛性，又能保障每个人都有充分发言与阅读的机会；素质的差异，则有利于发扬互助。小组形成以后，便开始阅读。三四个人拿着书和笔记本，有的到宿舍里，有的在树荫下，首先由小组长宣布读书的进度与重点，然后由一个同学领读讲解，其他同学可以随时提出问题来。简单的词句问题可以当场解释，并简单漫谈一下，较难的问题则记录下来准备晚间漫谈。读、讲、提问题并初步漫谈后，领读的同学要总结要点、整理笔记，这份笔记也要经过组内传阅与批评。

经过白天互助小组阅读提问后，进入了自学的第二阶段——小组漫谈会。漫谈鼓励同学们多联系实际与自身情况，畅所欲言，既要真诚热烈，又不能钻牛角尖。将本门课程读完以后，有一次总漫谈，各小组将有讨论价值的问题整理出来，交给学生会的学习股，准备组织讨论会。

讨论会由联组组成，每联组三十到四十人，主席是临时选定的。会上，主席要敏锐注意发言的分歧点，挑出来，引起大家注意，尤其要指出观点模糊的问题。例如关于新民主主义的讨论中，有一个题目是知识分子在革命中占什么地位，有同学说占领导地位，有同学说起桥梁作用。领导作用与桥梁作用的不同是什么呢？主席需要指出来，并帮助分析个别不恰当的例子。会后，学习股整理记录并与教员商量如何解答问题。因为与同学接近，学习股的意见，教员是很重视的。

经过自学，到了教员的辅导解答环节，同学们往往有豁然开朗、醍醐灌顶的感觉，因为这些正是他们从前模糊不清的重点难点。解答问题以后，一门功

人民的大学
华北联合大学（1939—1948）

联大学员的政治时事学习——读报

联大学员在复习功课

课便告一段落。

引言—阅读—漫谈—总漫谈—讨论会—解答问题，这便是自学辅导制的全过程。大家普遍反映这个制度"同学启发得好，教员解答得好"，是能真正起作用的学习方式。

除了政治学习，联大的业务学习也常采用这种集体学习的方法。外国语学院的英文学习，除了小组学习，还特别讲求理论联系实际。口译讲授美国史时，教员口述，同学速记，既能学习美国历史，还能练习听、写能力。全系的课外会话，采取了卡片制度。英文系的同学日常谈话一定要用英文（检讨会、讨论会除外），并且把从教材里学到的新词、新句应用进去，每人十个卡片，误说一句中国话，罚一个卡片，月终公布结果。

总之，华北联大的学习贯穿了集体和"学以致用"的精神，用集体力量造就进步热潮，培养了济济英才。

联大选举世界青年代表时，外国语学院办的黑板报

1942年春，英国勋爵林迈可教授夫妇、班·威廉教授和燕京大学国文系主任于力教授来到晋察冀边区。华北联合大学接待了他们，请他们做报告介绍敌占区的情况并讲学。林迈可夫妇和班·威廉回到英国后发表回忆录，详细介绍了华北联合大学，给予华北联大很高的评价。他们认为，在中国的抗日根据地，有一批国内一流的、著名的学者、教授，他们在艰苦的条件下办大学、同人民一起战斗，这是历史的奇迹，充分体现了中国共产党人的革命精神。[1]

苦中作乐，增益其所不能

来到边区，就要在生活中吃苦，这对每个人都是很好的锻炼。

1943年夏季，师范班有两个月见不着玉米、小米，全靠黑豆、扁豆、红高粱掺杨树叶、野菜充饥。因为口粮定量供给，一天只吃两顿饭，按组分饭，经常吃不饱。同学们发扬团结友爱、互相体贴的好风格，自觉地少吃一点，共渡难关。开荒背炭时，每人带一小布袋小米饭或两个玉米面饼子，一点咸菜、大葱，就算一天的干粮。有时得到几个烤脆的辣椒，就成为佐餐佳肴。

---

[1] 林迈可.不为人知的战争：华北，1937—1945年.伦敦：牛津大学出版社，1972：165.

人民的大学
华北联合大学（1939—1948）

反"扫荡"中，同学们都要在拂晓前爬十几里或二十几里的高山，钻进荆棘丛中隐蔽，黄昏后再下山向老乡借几个土豆或两个玉米棒子、一个倭瓜，煮煮烤烤，吃一半，留一半，天天如此。能吃上老乡掺糠拌菜的玉米糊糊，就算改善生活了。

1944年，根据地已度过最困难的时期，但同志们一天只吃两顿黄豆小米粥，饭量大的男同志刚撂下饭碗就提着饭桶到别的小组串门化缘，吃了上顿盼下顿。当时根据地十分缺碱，老百姓洗衣物用柴灰过滤的水代替。大家看到伙房院里摆出滤柴灰的大缸，就知道要吃馒头了。"喜讯"一传开，人人都做了充分的准备。难得吃一次细粮，大家那个贪馋劲，连女同志一餐都能"消灭"几个馒头。

炊事员正忙着做饭

穿也很困难。为了群众化，城市来的同学不能穿西装、长袍，部队来的同学军装要换成便衣。学校每年发一身单衣、一套棉衣。一年穿下来，蓝衣服变成灰衣服，肩头补丁摞补丁，好像百衲衣。半年发一双山鞋，背两趟煤就磨破了。钉鞋掌、纳鞋帮成为必要劳动。有的钉两层鞋底、几十个鞋钉，真是名副其实的"踢死牛山杠子鞋"。

住在老乡家里，没有炕，各组只好自筹铺草。条件艰苦，愈发调动起大家的生活智慧和乐观精神。一人一床被，又铺又盖，个子高的人一不小心脚就捅出来了，他们便用绳子把被子一头扎起来。夏天蚊虫多，同学们砍荆条、臭蒿子，晒干了编成熏蚊子的草绳；冬天，被褥装的黑羊毛不保暖，有的同学就在被子里塞满麦秸,钻进草窝里取暖。三九天火炉灭了,冻得不敢动,两腿抽筋,缩成一团,有的同学还自我解嘲地说:"我升'团长'啦!"有的女同志把发给学习用的红绿油光纸节约下两张,裁成细条,在窗棂子上糊成五角星、花朵、云彩,一间土屋被装点得十分幽雅,妙不可言。男同志住的屋子因为兼做课室用,女同志常来学习、开讨论会,又有生活队长来检查,他们不得不尽可能地把书包、背包、饭桶、手榴弹摆放得整整齐齐。他们的窗棂上,由于女同志的帮助,都装点得美丽如画。

生活虽然艰苦,但同学们充满乐观主义。中国的农村,老百姓的苦难,人民的力量,这些最重要的基本现实,非挺进敌后、深入群众生活不能懂得。国家要解放,人民要自由,老百姓要过幸福的生活,革命如此任重道远。但革命

课外活动时间排戏表演

人民的大学

华北联合大学（1939—1948）

前途充满了希望，因为领导这一伟大事业的核心力量是中国共产党。在日后的学习生活中同学们逐渐加深了对这些道理的理解。他们终于体会到，在崇高的理想激励下，物质生活上的苦能净化人的心灵，在艰苦的战争年代，以苦为乐是一个革命者应具有的品格。

课外活动时间，大家参加体育锻炼、排戏表演、美术写生、唱歌跳舞、写稿作诗，天天歌声不断，笑语频传。在讲述文学理论时，何洛经常提到日本著名作家小林多喜二和他的名著《蟹工船》。课间休息时，同学们常鼓掌欢迎他唱日本歌曲。何洛慨然登上土台，倒背起手，放声高唱。紧跟着《华北联合大学校歌》便从山巅上、大树下飞腾起来。"跨过祖国的万水千山，突破敌人一层层的封锁线……"

傍晚，也是同学们尽情享受战斗的青春的幸福时刻。落日映着霞光毫无保留地洒遍山峦、崖畔、河湾，大自然的美给他

联大校歌

们的青春增添了无限的活力；站在峻峭岸上的不是喀秋莎，而是一群中华儿女、有志之士。

有个同学在诗词里写过这样一句话："我们，生活上是贫困的，而精神上是富有的。"有人抱怨山沟大学没有礼堂、没有教室、缺少教材、缺少教具。别人就反驳他："别身在福中不知福，山沟大学有马列主义，有共产党领导，有抗日军民的支持，有坚定的政治方向和远大的革命目标！"

4. 联大的毕业生

华北联合大学办学的九年里，培养了逾万名干部，他们始终与革命形势紧密地联系着，是中国革命的活跃力量。1939 年，他们从陕甘宁高唱着"到敌人后方去，把敌人赶出境"，来到了晋察冀。战胜日本法西斯后，他们挺进到张家口，输送了大批干部去东北。中国共产党吹响了解放全中国的号角，一些同学就出发南下，许多同学歌唱："你们先去，我们就跟上！再会吧！在南京城！"表示着联大学子的决心。仅从复校后，就有 1 850 名联大毕业生参加工作。他们的工作性质多样：由各级党委分配工作的约占 23%，到军事部门工作的约有 27%，到政权机关工作的有 15% 左右，到文化教育团体或继续深造的更高达 30%，而去少数民族地区和经济部门工作的也有 5%。毕业同学分布的地区也很广泛：北自东北，南至台湾，都有联大的毕业生。塞外寒冷的草原上，晋绥起伏的山地里，冀中广宽的平原上，山东富饶的沿海岸，到处都有联大毕业生与人民在一起战斗。

华北联大这座"革命的熔炉"，一贯重视提高学生的政治锻炼和工作能力。分配到各岗位的联大毕业生，在校学习期间就建立起为人民服务的人生观，具备了吃苦、耐劳、英勇、坚定的优良作风，有责任感、有创造性、朝气蓬勃、热心积极，因而受到各机关及群众的欢迎。他们中的许多人在历经抗日战争、

人民的大学
华北联合大学（1939—1948）

解放战争后，终于迎来了胜利的曙光，成为中华人民共和国成立后各个领域、各条战线的佼佼者，如后来担任中国民主促进会中央副主席、全国政协教科文卫体委员会副主任的楚庄，担任广东省副省长的杨立，担任外交部副部长、中国人民对外友好协会会长的韩叙，担任新疆维吾尔自治区纪委书记的石庚，担任中国作家协会书记处书记的鲍昌，担任北京大学党委副书记、林业部党组成员的戈华，担任中国人民大学校长的黄达，担任中国人民大学副校长的李震中，经济学家苏星，图书馆学家和语言文字学家张照，工业经济学家塞风，著名学者孙敬之、刘佩弦、彭明，著名世界近代史专家程秋原，著名散文家秦兆阳，著名电影评论家钟惦棐，《人民文学》原主编刘剑青，著名作家杨沫，著名作曲家王莘，著名诗人蔡其矫，著名表演艺术家田华，原东方歌舞团团长王昆，原中央歌舞团副团长孟于，原中国青年艺术剧院著名话剧导演张奇虹，著名女歌唱家郭兰英，著名画家李琦、冯真夫妇，著名版画家彦涵，著名版画家、水彩画家古元……他们把华北联合大学的印记深深地刻在了民族解放和国家振兴的丰碑上。

（三）火热的联大生活

1. 民主友好的氛围

虽然联大的生活比较艰苦，但这里是解放区的学校，是自由、团结、友爱的学校。在华北联大，人们都互称同志，彼此亲密无间。同学对老师尊敬而不阿谀，师生间没有等级界限。学生对成仿吾校长可以当面叫"成妈妈"——虽然他是个男性；对副校长周扬和其他院系领导，也是直呼其名的，没有人以为这是失礼。开大会，谁先入场都可以，没有"梁山好汉排座次"的等级规矩。这样民主活泼的风气，反而使同学们对老师更加敬爱，能更无顾忌地把心里话说给他们。党的小组会，就是开展批评与自我批评，大家各抒己见，没有转弯抹角。批评的同志态度诚恳，语言直接；被批评的同志虽然脸红，却都放下包袱说出自己的真实想法。大家有时也会争论得脸红脖子粗，但是散会后仍然亲密无间，因为大家都知道是为了克服缺点共同进步，别无其他。

关于苏联红军的争论

1946年5、6月间，文学系同学在一次学习讨论会上自发地展开了一场极

人民的大学
华北联合大学（1939—1948）

为激烈的人辩论。同学赵克前是东北籍，来系学习不久，年龄也较大。他在时局座谈会上发言，讲到苏联红军于1945年秋进军我国东北打击日寇时，曾经大肆奸淫掠抢、酗酒打人，因此，苏联红军也并不都是好人。这个发言引起了来自延安及其他解放区的同学如谭彪、王志强、李炳川、李健等许多人的极大愤怒，立即予以驳斥。来自平、津的同学大部分赞同这种驳斥，认为是反苏反共的言论。赵克前则始终坚持自己的看法，并又列举了许多苏军暴行的事实。少数东北籍的同学表示赵克前的看法正确，事实也准确。另一些东北籍的同学虽未公开赞同赵克前的意见，但私下里却认为延安等地来的老同志不管事实真相就火高千丈地严厉驳斥是没有道理的，甚至有点以势压人。还有一些同学担心赵克前同学的处境不妙，可能要被院系领导作为反动分子处理。一位东北籍同学说："相声演员小蘑菇在日本人搞'第五次治安强化运动'时，在电台广播相声讲了一句笑话，大意是治安强化一次比一次好，白面大减价五分钱一袋了。捧哏问：'什么袋？'小蘑菇说：'牙粉袋。'就为这一句话给抓进了宪兵队啊！赵克前公开反对苏联红军，散了会回宿舍就见不着他啦。"

经过了两三天激烈的大辩论，会场上人心不定，弥漫着浮躁焦虑的气息。就在这时，系主任陈企霞作总结说："赵克前同学有看法是可以讲出来的，言者无罪。个别苏军犯法也是存在的，但是对联共（布）、对斯大林还是要有正确认识。许多同学的愤慨也可以理解，但这是民主讨论，不能忽略事实，也不能给赵克前加什么罪名。对他进行思想上的帮助，使他能全面认识问题是必要的，给这种发言妄加罪名就不应当了。"

赵克前同学当场掉了泪，同学们也吃了定心丸。经过这次大辩论，同学们更加敢于说出自己的真实看法了。本来，大部分同学来自沦陷区大城市，对革命的认识有限，对我党我军和各项政策缺乏基本认识，有不少糊涂观念。这些东西是说出来正确认识它好呢，还是不敢说但在思想中又没解决好呢？华北联大的教育方法是广开言路、畅所欲言，广泛地发扬民主，启发学生自觉提升思想境界。

联大学生会

华北联合大学是民主的学校，她要培养每一个同学都会过民主生活，养成良好的民主作风；联大的教育，是人民的教育，务使学习完毕，每个同学都有为群众办事的精神和一套本领。因此，学生会就是最好的组织形式与动员形式。

华北联合大学在1939年成立初到晋察冀时，只有全校性的学生会，各学习单位仅有课外活动性质的救亡室组织，行政上仍有一套学习生活的领导系统。到1941年，学校有了大的改变，基本上取消了在同学中的行政系统，同时加强了学生会民主自治及学习上的组织领导工作。1945年9月，华北联大在张家口复校后，全校有学生会联席会，由各院学生会主席联合组成。它的任务是：计划并领导全校性的学生活动，交流各院学生会工作经验，派代表参加学校行政会议，对外代表全校同学。根据这些任务，学生会联席会不作具体分工，只互推主席、副主席各一人，与校部行政保持联系，负责召集并主持联席会会议。各院学生会由五至十三人组成，设有主席、副主席各一人，劳动、文体、学习、民运、生活等股委员各一或两人。院学生会负责计划领导全院同学的学习、生活及各

联大学生会第二届全体会员大会会场（于张家口）

人民的大学
华北联合大学（1939—1948）

小组讨论会

种活动，并代表全院同学出席院行政会议及全校的学生联席会。各系、班也有学生会，它们是学生会的组成部分，是直接组织与领导各种工作的，它们的组织机构与院学生会相同。

在各级学生会中，从决议的讨论、研究、产生，到成为大家自觉遵守的准则，要通过小组。小组是学生的基本组织，是一个与多方面联系的功能单位。五到八个同学在入学后，根据学历、年龄、性别等适当地编为小组，其目的在于使他们在集体生活与集体学习中，加深了解，互相监督，促进进步。除男女各有宿舍外，小组成员差不多总是在一起学习、生活、劳动。每星期，小组要开展一次检讨会，展开批评与自我批评。组内民主推举产生的小组长对内领导小组，对外代表小组，接受行政的领导，同时也向学生会负责。遇到学校或学生会布置的工作，经过小组长传达解释及组员讨论计划，马上就会有组织有步调地行动起来；假如有意见，也会通过系统转达到学校行政或学生会。

在张家口，每当学生会选举时，学校里都形成一次民主生活的高潮。从小组提出候选人名单，到候选人总投票，一直都在沉着而热烈、紧张又愉快的气氛中进行。在竞选前，同学们都积极地帮助他们的候选人制定"施政纲领"，并以图画、标语、口号及歌词等种种方式来为他鼓劲助威。到了竞选介绍会上，发言人便拿出他们集体写成的稿子，富有热情和感染力地为同学们讲述候选人的事迹和能力。所有发言者始终牢记着实事求是的精神，因为他们都清楚地知道：过分夸大只会引起群众的反感。只有老老实实、真心实意地为候选人做介绍或发表竞选演讲，才会争取到更多的票数。在这种公平公正公开的程序下，经由群众雪亮的眼睛选出的干部，都感到这是群众拥护的无上光荣，因而就会加倍地努力为群众服务。在这个民主的团体里，他们同时也必然是被多数人尊重和拥护的。

在华北联大，学校行政对学生会是公开的，学校行政重要会议都有学生会代表列席，其用意是使学生随时明了学校的政策与方针，使学生会配合开展活动；学生会的重要会议往往也请学校行政人员参加，以此使学生们的意见得到及时顺畅的反映，问题得到适当的解决。

联大学生会第二届全体会员大会上，候选人热烈竞选

联大学生会第二届全体会员大会会场上的竞选标语

有了学生会，华北联大的同学们学习更积极自觉，生活更规律活跃。学生会的存在使他们在学习中有工作的机会，使他们体验和力行着快乐的民主生活。

人民的大学
华北联合大学（1939—1948）

丁玲在联大世界青年代表选举大会上讲话

联大选举世界青年代表后开选举箱

2. 战火中的青春

> 青春啊,青春!
> 我们的青春在战火里度过,
> 那是艰苦的青春,战斗的青春,
> 也是美丽的青春,难忘的青春……

九年敌后艰苦办学,华北联合大学的师生们虽颠沛流转,备尝艰辛,然而连绵崇山、奔腾流水哺育了这一代人,慷慨激昂的革命情感装点了他们的火热青春。

一场终生难忘的聚餐

1940年的十月革命节,同学们组织了一次别开生面的会餐。文艺学院派出了两名同学,分别化装成老头儿和老太太。他们各挎一个装着纸团儿的篮子,在原地扭着秧歌舞。其他同学排成单行长蛇队,在锣鼓声中也扭起秧歌舞。长队伍从第一名开始,扭到挎篮子的老头儿、老太太面前,从篮子里取出一个纸团儿,便走到一边不再扭了。同学们打开纸团儿一看,就按照上面的字去找自己就餐的餐桌。餐桌是在操场的土地上用白灰画成的白圈儿,白圈儿里写着餐桌的名字。餐桌的名字都很特别,甚至有叫"眼大肚子小"的。一桌八个"馋猫"到齐了之后,大家便围拢起来,掏出随身携带

联大学生行军会餐

的"武器"——小勺或短筷子，对平时很难见到的一桶白馒头、一盆炖猪肉展开"进攻"。这样一顿饭香甜在嘴里，欢快在心里，以至于成了大家终生难忘的美餐。

歌舞青春

在华北联大，大家的第一个感觉就是人人爱唱歌、处处有歌声。开会前有音乐老师教唱歌，各单位之间相互拉歌，晚饭后要练歌，集体行动要唱歌。哪个班不会唱十几个歌，会前在拉歌的掌声中被逼得"哑口无歌"时，真会羞得无地自容。唱歌不仅为自娱，也可以做社会宣传。张家口广播电台建立时，请政治班去唱歌，进行广播宣传；北平大学生代表团来张家口华北联大参观，大家在乐队的伴奏下唱歌，表示热烈欢迎。军调部的国民党军官来参观，同学们在校部大礼堂用雄壮的战斗歌声展示了巨大的威慑力量。

联大同学开会时互相拉歌

第二篇　革命壮志苦愈坚

联大文工团在部队演出

乐队演奏

在农村戏台上，歌咏队在表演

街头演出时的合唱

人民的大学
华北联合大学（1939—1948）

联大文娱活动

每逢周六晚上，健康、欢快的舞曲就响起来了。华北联合大学校部大礼堂的舞会上，在文工团的乐队伴奏下，师生们翩翩起舞，直到午夜。延安来的同志舞步轻盈、婀娜多姿，吸引了大家的目光。各院、系在驻地也常开舞会，虽伴舞乐器简单，但中间穿插几曲《兰花花》《信天游》，也能赢得阵阵掌声。有组织的舞会如果没开，舞迷们也不甘寂寞，在空地、教室里小手风琴一拉，自发的小型舞会就办起来了。

1946年春节是张家口解放后第一个春节。为开展拥军爱民活动，华北联大组织了三四百人的大秧歌队在市内街头宣传，表演了《打花鼓》《兄妹开荒》《夫妻识字》等文艺节目。同学们抛开羞怯，扭动腰肢，很快就熟练起来，连"二龙戏水""大游四门""龙摆尾"等技巧也学得颇有韵味。化上妆后，男同志穿紫花布衣服，扎上英雄巾，女同志穿上彩衣，舞起彩绸，大家就进入了角色，扭上半天也不累，越扭越上瘾。4月，张家口选举市参议员时，学校又组织大秧歌队，水平就更高了。有些买卖人抛下生意不做，跟着秧歌队看一天。此后，不仅文艺学院学员早晨扭秧歌，别的院、系、班也把扭秧歌当作早操内容之一。娜孤歌是有挪威血统的女学生，有一次她去打开水没有按时回来，原来是在路上听见鼓声，放下水桶，围着水桶就扭起来，一时传为趣闻。

第二篇　革命壮志苦愈坚

表演——《夫妻识字》

联大秧歌队在演出

联大文工团秧歌队街头表演

联大文工团秧歌队表演

联大文工团秧歌队合影

人民的大学
华北联合大学（1939—1948）

联大文工团秧歌队在打腰鼓

联大文工团秧歌队在石家庄大兴纱厂给工人表演腰鼓

联大学员在打腰鼓

驰骋在运动场上

华北联大的师生们明白，必须要锻炼出强健的体魄，才能在敌后学习、斗争的艰苦环境中经受住考验。华北联大特殊的早操形式是背着背包跑步；课余时间里，学生们常开展掷手榴弹比赛、田径、拔河、爬山、足球、篮球、排球、乒乓球等体育活动。1941年5月初，华北联大在李家沟口河滩的这个天然的大广场上召开了运动会。开幕这天，成仿吾校长亲自带领运动员绕场一周，发布了热情洋溢的讲话，极大地鼓舞了运动员的热情，会场上一片欢腾蓬勃的气氛。

成仿吾校长在联大"五四"运动会上讲话

联大运动会上的篮球赛

人民的大学
华北联合大学（1939—1948）

联大的学员背着背包晨练

联大早操活动

"五四"运动会赛跑

联大田径运动会上女同学赛跑

"五四"运动会上的掷铁球比赛

第二篇 革命壮志苦愈坚

↑联大学员进行排球比赛

←联大田径运动会上的撑竿跳高比赛

联大学员进行跳远比赛

联大田径运动会上的拔河比赛

77

人民的大学
华北联合大学（1939—1948）

联大篮球赛优胜女队队员合影

联大篮球赛优胜男队队员合影

华北联大聚集了大批青年教师和学生，当中自然就有一大批球场上的好手。院、系、班、组之间经常组织友谊比赛，师生们课余也爱驰骋在球场。每逢重大活动，篮球比赛总是令人感兴趣的节目。最盛大的一次是1947年十月革命节举行的篮排球比赛，平原宣教团三中队（文艺学院）获得了篮球比赛冠军。在这场比赛中，戏剧家崔嵬、诗人李冰任中锋，音乐家张鲁任后卫。平日里文质彬彬的艺术家们，到了球场上真是大不一样。他们奔跑矫捷，运球流畅，出手犀利，精彩的表现博得了观众阵阵喝彩。

3. 联大女生

卫生处的女同志

华北联大的行军大队里，有一支特殊的队伍。除了像其他同志一样背着各自的背包，她们身上还多了一个引人注目的医药包。她们就是联大卫生处的同志。这是一支精干的队伍，有四五个二十岁左右的女同志，原先是城市医院的护士，还有五六位是被分配来学习医务工作的，当中最小的同志才十五岁。为了抗日救亡，大家走到一起来了。

行军中，同志们被分到各大队去担任医疗救护工作。途中的病号和掉队同志，由她们照顾；队伍宿营了，她们就背上医药包，到各驻地去巡诊送药。一路上，她们还给群众看病，并调查当地环境，防治传染病。任务完成后，晚上才给自己治疗。这次长途行军，她们和大家一样，都是第一次走这样长的路。但在党的教育下，她们认识到这是保证队伍胜利行进的光荣任务，没有一个人叫苦、叫累。其中，共产党员又都能以身作则，从思想上和工作上帮助其他同志，这样就保证了大家在行军途中始终保持愉快的情绪和高昂的斗志。

到了晋察冀边区华北联大驻地，卫生处立即建立病房，接收病号，在敌人后方开始了边工作、边训练、边做群众工作的战斗生活。女同志里没有正式医生，就把原来的护士训练成为医生，把卫生员训练成为护士，由医务主任马丁亲自在实际工作中训练培养。当时华北联大的师生几乎都是年轻人，患的病主要是疟疾、痢疾和虱子传染的疾病。疑难病虽不多，但由于药品奇缺，特别是缺乏特效药，只好由卫生处自己配药。有些重病号必须加强营养，同志们就在驻地开展群众工作，从群众那设法换点白面、鸡蛋、红枣，来改善重病号的伙食。华北联大在敌后办学，卫生处的女同志们功不可没。

妇女工作委员会

1940 年的春天，是华北联大到达晋察冀根据地的第一个春天。3 月 8 日，作为华北联大党委领导妇女工作的助手，妇女工作委员会成立了，担任书记的是陈英。各部党总支和各队党支部也都设有妇女委员。妇女工作委员会的任务是协助党委做女学员的政治思想工作，提高女学员的政治、业务水平和工作能力，选拔女干部、女教员、女研究员，关心女学员的身体健康。规定每年举行庆祝活动纪念三八节，选举模范妇女、举行座谈会、组织女学员的文娱体育活动等。

人民的大学
华北联合大学（1939—1948）

三八妇女节，联大女同志们举办座谈会，邀请农村妇女做报告

国际妇女节这一天，妇委组织全校女同志参加了丰富多彩的文娱体育活动，如球赛、歌咏比赛、小型联欢会、座谈会等，当中最吸引人的要数拔河了。几乎每个单位的女同志都参加了这场比赛，她们声势浩大，阵容整齐。在这一富有民族特色的比赛中，对峙的双方竭尽全力地拉着，男同志们在一旁助威，不时高喊"××队，加油！""××队，加油！"为女同志们打气。获胜者的奖品都是学员们自制的小礼品，如用红布绘制的五角红星等。阳光沐浴下的场地上，欢笑声、掌声响彻云霄，大家沉浸在愉快的气氛里，度过了一个很有意义的三八节。

往后的日子里，在妇委的领导下，全校女同志常常掀起以比、学、赶为中心的竞赛热潮。各连队的女生排、班、组都开展表扬好人好事的活动，评先进、选模范女干部。通过评比活动，华北联大的女同志在各方面都得到了提高。

华北联大的女教师

为了解决培训干部的师资问题，学校党委特别重视从女学员中选拔和培养女教师。女学员在预科队学习半年以后，大部分被分配到华北联大校部的马列主义、政治经济学、中国革命问题、哲学等教研室。

对于女教师，学校妇委在政治上非常关怀，常常在她们中间树立一些先进妇女工作者和模范女党员作为学习的榜样，对她们进行革命人生观教育。妇委对女教师的生活也很关心，规定女同志在经期不干重活，过河要人背，到宿营地要洗脚，每人每月还发给卫生纸等物资。

　　华北联大的学员中有许多从冀中敌后根据地来的基层干部，他们年纪较大，有丰富的斗争经验，青年人往往比不上他们。加之初登讲台缺乏经验，起初年轻教师的教学效果并不太好。为了提高年轻女教师的教学水平，学校党委、妇委发动她们走出学校，深入群众、深入实际，发扬理论联系实际的优良传统，丰富教学内容。学校派她们到边区政府参加边区的民主选举，使她们了解边区"三三制"政权对于团结广大爱国民主人士共同抗日的重大意义和作用；粉碎敌人"扫荡"以后，学校又派她们去调查敌人的"三光"政策对边区造成的破坏，了解群众发扬不屈不挠的斗争精神重建家园、发展生产的情况；学校还派她们去调查农民减租减息以后的情况，使年轻教师们切实感受到由于减租减息政策的贯彻，我们党得到农民坚决拥护，农民生活得到改善。

　　通过这一系列的调查实践，青年女教师们对党中央提出的敌后抗日战争的方针政策有了深入扎实的理解，切实体会到根据地人民拥护共产党、拥护毛主席的感情。当她们再次走上讲台时，把党的历史、路线、方针、政策和当时边区的实际情况联系起来，便极大地丰富了教学内容，取得了显著的教学效果。

4. 为有牺牲多壮志：联大烈士的故事

　　来到华北联合大学的师生，都是极具才华的青年，他们立志成为思想家、艺术家、科学家，成为各领风骚的人物。抗日战争时期，华北联合大学在敌后抗日战场办学六年，六年的血雨腥风、六年的饥寒交迫、六年的顽强奋战，终于迎来了抗日战争的最后胜利。"敌人'扫荡'我转移，放下背包就学习"，"在战斗中学习，在学习中战斗"，是华北联合大学师生六年风风雨雨战斗生活的概括和写照。为了民族解放的千秋伟业，他们挺身而出，甘愿献出自己的一切，留下了可歌可泣的事迹。

人民的大学
华北联合大学（1939—1948）

正当华北联合大学蓬勃发展的时候，1941年8月，日军的一次残酷的大规模"扫荡"开始了。这年8月15日，日军由"华北派遣军"总司令冈村宁次亲自指挥，集中13万兵力进攻晋察冀边区北线的北岳区，企图把八路军主力围歼于长城两侧。八路军主力适时地转移到敌占区，打击日军后方、调动敌人、待机歼灭敌人。华北联合大学的队伍在平山县北部的大岭沟被敌人包围，子弹像飞蝗般打来，大家分路突围。在此期间，有许多学员英勇牺牲。其中包括杨展。杨展是杨开慧的侄女。1941年，日军以数万大军对边区军民进行毁灭性的大"扫荡"，杨展随华北联合大学校部及文艺学院的一部分同志转移到河北平山北部滚龙沟区的大岭沟。这里山峦险峻、地形复杂、草树茂密，在突围进程中，杨展不慎从悬崖上摔了下去，头部撞在岩石上。当同志们救她的时候，她对队长说："队长，我不行了，你不要管我了，去帮别的同志吧。我死了，你把情况告诉党和同志们。抗日胜利了，你有机会，请你告诉我的父母。……"这位刚满22岁的英勇的女共产党员，为了共产主义事业，就这样把她年轻的鲜血，洒在晋察冀的山冈上。

在这次连续两个多月的极端残酷的"扫荡"中，进入漫山地区的校部队伍在日伪军的狂轰滥炸下损失惨重。事后，总结追悼会的挽联上记载：有121人因被日军弹穿腹、刀破腹或悬崖殒命而牺牲。校部教务干部曹成贤和一位学员在阜平县城南庄附近的树林中与群众一起被敌人包围。他们与两个敌人搏斗，奋勇夺取敌人枪支，但曹成贤不幸被敌人的刺刀刺中壮烈牺牲，另一位学员边用盒子枪还击边撤退，终于回到了学校。法政学院院部秘书张书堂在唐县的百花山中同敌人搏斗时牺牲。社会科学部社一队学员陈孟明曾经是北京大学学生、陕北公学学员，从华北联合大学毕业后在第二军分区工作。他在反"扫荡"斗争中不幸被捕，日军和汉奸审问他时，他大义凛然、怒斥日伪、奋勇搏斗，被日军用刺刀挑死。

1942年，在日军对冀中区发动的极端残酷的五一"扫荡"中，华北联合大学文艺工作者陈春耀、路玲等牺牲。路玲在大树刘庄被敌人包围，突围时被俘，她在敌人面前毫不畏惧、宁死不屈，在同敌人搏斗时被日军用刺刀挑死，牺牲时年约 25 岁。在敌人的秋季"扫荡"中，不幸又有一些学员牺牲。其中，1940 年从平西军区挺进剧社到华北联合大学文艺部音乐系学习的祁式超，当时在平北分区工作，日军"扫荡"时，他因积劳成疾隐藏在深山密林的石洞中，被搜山的日军发现。日军对他软硬兼施、威逼利诱，逼他说出伤病员隐蔽的地方，他大义凛然、坚贞不屈。当日军打骂其他被俘战友时，他一个箭步冲向敌人，用尽平生力气同敌人进行殊死搏斗，痛骂日军是畜生野兽。日军对他用刺刀刺、用战刀砍，他宁死不屈，高喊"打倒日本帝国主义""中华民族解放万岁"，壮烈牺牲。

　　1943 年对晋察冀边区来说是斗争十分残酷、生活十分艰苦的一年，也是华北联合大学干部、学员牺牲最多的一年。1943 年 4 月，曾任华北联合大学党委组织科科长、时任冀东区党委宣传部部长的吕光，和曾任华北联合大学党委干部的爱人刘玉芬一起，在冀东丰润县杨家铺山沟里参加区党委扩大会议，被日军奔袭包围。在冲出沟口时吕光不幸中弹牺牲，刘玉芬见沟口已被敌人交叉火力封锁无法突围，而大队日军又追了上来，为了不当俘虏，她毅然拔出手枪自尽。5 月，日军对北岳区第三军分区唐县、完县发动残酷的春季"扫荡"。曾在陕北公学分校和华北联合大学宣传科工作过的畲毅，这时在第三军分区主力第二团任政治处副主任。他们与敌人辗转搏斗在唐河两岸，5 月 6 日拂晓转移时同敌人遭遇，被围困多时，畲毅在突围中不幸英勇牺牲，时年 28 岁。9 月 16 日，敌人集中 4 万兵力对北岳区中心地带发动毁灭性的秋季大"扫荡"。9 月下旬，敌人强攻神仙山制高点，9 月 23 日清晨在进犯元宝顶（又称玉皇坨）途中经过老路口村。疏散在这里的华北联合大学教育学院学员郭金台、刘荫正在协助当地粮秣主任筹粮支前，他们被日军发现，在翻山逃避时被机枪击中，英勇牺牲。

人民的大学
华北联合大学（1939—1948）

曾任华北联合大学党委妇女工作委员会委员的倪淑英此时在晋察冀军区组织部工作，在日军"扫荡"时她正隐蔽在神仙山中炭灰铺村后的山沟里。日军知道这一带有八路军后方机关的一些干部，就在天未亮时闯进这条山沟"清剿"。他们伪装成放羊人赶着一群羊上山，待倪淑英发现时，日军已经逼近。她因带着党的文件和干部名单，就赶紧烧文件，并让勤务员快跑，勤务员不走，帮助她一起烧文件。日军冲上来，她拔出手枪向敌人射击，且战且走，日军乱枪齐发，她倒在血泊中。勤务员受伤躺在她的遗体下，躲过了敌人。同时在炭灰铺山沟里牺牲的还有华北联合大学卫生处原处长范实斋。他当时在晋察冀军区卫生部工作，那条山沟里隐蔽着一些病号，范实斋在那里照顾病人。日军赶着羊群上山，他未及防备，在突围中被日军用刺刀挑死，鲜血洒在北岳恒山上。

曾经于1941年在华北联合大学儿童剧团学习过的最小的文工团团员计晋福，后来被送去就读晋察冀边区小学。1943年敌人"扫荡"时，边区小学隐蔽在一条山沟里，在那里的山洞中有晋察冀军区后勤部埋藏的军用品。日军把计晋福包围后要他说出晋察冀军区后勤部埋藏军用品的山洞，他坚决不说，被日军用刺刀残杀，牺牲时年仅9岁，是华北联合大学最年幼的牺牲者。陈云曾在华北联合大学儿童剧团、文工团工作，后被送到阜平县槐树庄完全小学读书。1943年秋季"扫荡"开始后，她被隐藏到深山沟里干石沟村的老乡家。一天，日军偷袭干石沟，搜山时发现了她。日军用刺刀对准她的胸膛，逼她说出谁是八路军和八路军伤病员在哪里，她斩钉截铁地说："不知道！"敌人企图将她带走，她趁敌人不备，突然往群众中跑，敌人向她连开两枪，陈云倒在血泊中，牺牲时年仅14岁。她的英雄事迹很快传遍整个晋察冀边区，边区政府教育处将她的事迹编进小学语文课本，号召青少年向她学习。

华北联合大学分配出去的文艺干部、文艺学院毕业生，在1943年敌人残酷的"扫荡"中牺牲的还有陈九、赵尚武等。陈九，参加革命前曾是全国木刻家协会理事，1938年到陕北公学学习，1939年在鲁迅艺术学院学习，毕业后分配到华北联合大学文工团美术组工作，1942年到晋察冀军区政治部抗敌剧社工作。在1943年秋季"扫荡"中，他在一次战斗突围时被俘，坚贞不屈，被日军杀害。赵尚武，1942年调晋察冀军区政治部抗敌剧社任音乐队副队长。1943年12月3日晚，剧社转移到胭脂河畔的坡山村，第二天黎明突然发现敌情，剧团全体成员迅速向东北山上转移。赵尚武见到音乐队的陈群抱着7个月大的婴儿，就帮助她抱起孩子向山上走去。走不多远，迎面碰上搜山的敌人，他头上中弹仰卧在半山坡上，双手还托着满脸是血的婴儿。赵尚武牺牲了，婴儿得救了。为表示永久的纪念，这个孩子起名就叫思尚。

敌后办学的岁月里，晋察冀边区开展反"蚕食"活动，华北联合大学很多师生参加游击队、武工队，深入敌伪据点进行宣传，甚至直接和敌人进行斗争，其中牺牲的人数已经无法统计。为什么华北联大的同志们都能表现得这么英勇坚强？除了学员具有高度的政治觉

联大同学驻束鹿时进行备战工作——挖防空沟

晋察冀边区及张家口市各界公祭王若飞、秦邦宪、邓发、叶挺、黄齐生等遇难烈士

人民的大学
华北联合大学（1939—1948）

悟以外，还和学校平时的军事课教育和军事训练分不开。学员入校后，普通队就有军事课，讲毛主席的游击战，讲长征中的典型事迹。学校还多次组成参战实习队，分散到各县、区的数十个村庄中参加地方工作。师生们和广大农民群众同吃同住，熟悉地形、联系基层干部和老乡，参加所在区、村的领导机构，训练民兵、带领群众进行坚壁清野；在日伪军进犯时，组织群众向山沟等比较安全的地带转移，并安排好群众的生活，同时还和民兵一起埋设地雷、部署战斗等。

经过长久的教育训练，华北联合大学把天南海北、出身不同、经历不同的一批批青年男女训练得像士兵一样有组织、有纪律、有勇气、有智谋，在战争洗礼中经受住了考验。

第三篇
服务人民锻筋骨

认识时代准备为人民立功

我们生活在什么时代呢?

这是一个很重要的问题。很多人因为不认识今天是什么时代,像瞎子一样在乱走,有些人跟着反动派走上了错误的道路。

在全世界,资本主义者已经开始了总的危机。经过第二次大战,资本主义世界又受到了严重的打击,民主势力普遍壮大,好些资本主义国家实行了新民主主义的改革,殖民地半殖民地民族展开了为独立的战争。在中国,大地主大资产阶级的最后一个时代,四大家族的"天下"已经腐败透顶,全国人民已经从痛苦的经验中觉醒过来,组织起来,要取消这个可恨可耻的反动统治。

难道这些不都是铁一般的事实吗?难道历史的趋势还不够明确吗?

今后数年内在全世界与中国都将发生重大的变化,独立和平民主的新中国定要实现。任何反动势力也不能阻止这种历史发展的潮流,他们要被奔涛骇浪所吞没。中国人民将最后废除专制魔王,开始人民自己作主人的时代。

努力准备,准备为人民立功!

——摘自校长成仿吾同名文章,原文载于《联大生活》第一期

(1947 年 3 月)

人民的大学
华北联合大学（1939—1948）

（一）联大教育思想摘编[①]

1. 联大不同于旧大学之处

教育是社会斗争的一个领域，它是为现实的政治、经济、文化斗争服务的；从来也没有超然于现实斗争之外的教育。

陕北公学和华北联大就是根据这样的观点办的。

1945年"八一五"日寇投降之前，抗日曾经是全中国人民的迫切要求与首要任务，联大就以抗日所需要的政治、经济、文化教育的基础知识与工作本领教育联大的学生，并把他们分派到需要他们的各种工作岗位上去。从1939到1945这六年间，联大一共送出了八千余人。现在，消灭蒋介石的罪恶统治，反对美帝国主义的侵略，争取人民革命战争在全国的胜利并建设人民共和国成了中国人民的斗争目标，这也就给学校提出了新的任务；培养更多的干部去开拓新的解放区并准备建设新中国所需要的政治、经济、文化教育工作人员。从1946年到现在，又已送出了约两千人。

---

① 本部分内容摘编自《联大生活》。

学校学生来源很广泛，国内各地和新老解放区都有，他们的家庭出身、文化程度、政治认识和学习要求都各不相同。他们在这里却同样受着以下两种教育：

一是思想教育。目的是帮助同学清除旧中国（半殖民地半封建的中国）的生活和教育给予他们思想意识上的影响，帮助他们认识世界和中国的过去与现在，认识人民并认识自己，这样来建立科学的世界观和历史观，来建立"为人民服务"的人生观。这种教育是通过（1）政治课的学习（社会发展史、中国近代革命运动史、新民主主义论、解放区建设等）、（2）专门问题的报告（关于思想的、政策的讲座）、（3）时事学习（时事问题的报告与讨论）、（4）日常的民主生活（小组生活及学生会的活动）、（5）社会活动和民运工作（驻地居民工作、土地改革等）、（6）生产劳动等来完成的。

二是业务教育。自1946年以来，我们陆续在各院设置了十二个学系。即：文艺学院的文学、美术、音乐、戏剧与新闻五个系和一个文艺工作团；教育学院的教育、国文与史地三个系；外语学院的英文与俄文两个系；政治学院的财经与政治两个系。此外文艺学院还附设过一个乡艺班，教育学院附设过一个文化班。业务教育的目的是使每个同学都学会为人民服务的一项具体本领。

在教育方针上，坚持思想教育与业务教育并重的原则。如果没有思想上的提高，如果不确立为人民服务的人生观，业务知识就会脱离实际，脱离人民的需要，因而丧失其存在的意义；如果没有具体的业务知识和工作能力，"为人民服务"便也会变成空谈。

在教学工作上，我们坚持着如下两个原则：

一是理论与实际联系的原则。我们教学的东西是实际斗争经验的总结；我们学了的东西要拿到实际生活、实际工作中去检验，去应用；我们也有计划地组织同学到实际工作——如土改工作、业务实习和民运工作等实际中去学习；同时我们的日常生活——学习、劳动和娱乐活动本身就是很好的学习。

人民的大学
华北联合大学（1939—1948）

二是个人学习与集体学习相结合的原则。思想问题的解决、业务知识的钻研，都强调通过自己思考，特别注意集体学习的组织。课业研究、时事讨论、生活检讨和每一集体活动的发动、计划及事后的总结，都要用开会的方式来进行。每次集会都是一次集体的学习。我们广泛地使用着批评与自我批评的武器，它有力地推动着我们各方面的进步，加强着相互间的团结。因而在我们这里，进步最快、成绩最好的同学是一方面能自己认真思考，勤于阅读，另一方面又能虚心向别人学习并热心帮助别人的人；而教师的职责除了课程讲授之外，更重要的是对于同学的讨论或研究的组织与指导，因此，了解学生的思想情况与学习要求就成为教师的重要任务。

我们的学校是在战争中、在农村里建立、成长起来的。九年来除了极短的六七个月之外，我们一直是在战争中、在农村里工作着。战时生活与农村条件就成为我们工作环境的两大特点。这给了我们不少的困难与阻碍——校址的流动与分散，物质的极度缺乏，生活上的困难以及因此而产生的工作和学习制度不易严格坚持等，但同时却给了我们更大的好处——适应战争环境坚持教学工作的习惯，自己动手解决生活上与工作上的困难与需要的能力，跟农民保持更紧密的接触，使我们更亲切更深刻地认识真实的中国社会等。

九年来，在教学内容上、教学方法上、教育制度上、师生关系上，我们都已打破了旧式大学的"成规"。我们的思想教育提高了同学的政治觉悟，使他们在经过几个月，顶多不过一年的教育之后普遍地树立了为人民服务的人生观，听从组织分配，服从工作需要；就是在业务教育上，也得到了从外边大学所不能得到的成绩。目前，我们正从干部的培养与提高上，从教材的准备上，从学

华北联合大学出版的刊物——《联大生活》

校制度与教学工作的研究改进上,逐步地使我校成为新型的正规的人民的大学,以适应中国人民即将取得全国胜利这一新的形势的需要。

2. 华北联大校刊《联大生活》

《联大生活》原本是华北联合大学的老校刊。它创刊于抗日战争时期学校驻在晋察冀边区时的1940年,对于报道师生员工的教学、学习和生活动态,交流思想,推动教学和各种工作等方面,起了积极作用。1940年冬天,因环境恶劣,学校缩编后一度停刊。至教育学院时期复刊。1945年秋学校迁到张家口后又停刊。1945年12月5日学校复建后的第一次教务会议上决定恢复《联大生活》,但因当时复校工作千头万绪,一时未能做到。学校迁到冀中束鹿后,于1947年初举行了第一次教育工作会议,会议重又决定恢复《联大生活》,才于当年3月做到了复刊。

为了办好这个刊物,经校务会议决定,成立了《联大生活》编委会,由林子明教务长任编委会主委,委员有李又华、胡华、林浩庄、郭晓棠等人,并聘请艾青、何干之任顾问。《联大生活》编辑部设在教务处办公室,并配备了专职编辑人员;为了保证稿源,在校部和各学院分别组织了通讯组负责写稿、征稿工作,并聘请了一些特邀撰稿人和专栏作者。

经过编委研究,确定《联大生活》为一综合性的刊物,以面对校内师生员工为主,但也作为向外界交流情况、报道信息之用。

《联大生活》采用的稿件,包括专论、学术研究、史料、教学小结、教学方法交流、历史知识、校内人物介绍、文学习作、诗歌、歌曲、杂文、美术习作、学习和生活指导、实习通讯等,更多的则是学习动态、思想交流、生产动态、课余生活、社会活动等内容,兼有校外通讯。由于它的内容丰富多彩,文字以及插图和封面设计比较清新活泼,有较强的吸引力,所以颇受广大校内外读者的欢迎，成了师生员工交流思想、沟通信息和推动各项工作的有力工具，也成为对外交流情况、交换资料必不可少的刊物。

《联大生活》自1947年3月复刊，到同年10月，一共出版七期，即从第一期至第七期，基本上每月出一期，油光纸油印。

1947年冬，学校大部分学工人员离开学校，到各地农村去参加土改工作，《联大生活》遂停刊。到1948年4月底学工人员结束土改工作回到学校后，学校已经从束鹿迁到正定。因为学校即将同北方大学合并为华北大学，忙于并校工作和三查运动，所以《联大生活》没有继续出刊。

3. 关于青年修养的几个问题

在我们日常的学习和工作生活中，存在着一些问题，不大，容易克服。但是说着容易，一到和实际接触起来，却难。我们一方面要在思想上把它们搞通，另一方面，还要随时从私生活中去体验与克服。清初的大儒黄宗羲说："吾道最忌'笼统'"，我们日常生活中有些问题纠缠不清，正是由于"笼统"，由于"纠缠"弄得我们迷迷瞪瞪，时常波动个人的学习情绪。

这些问题虽小，但是又都联系着整个的革命事业，联系着我们自己的革命人生观，不是"一事通百事通"，一下子就克服得了的。简单说起来，大约有以下这几点：（1）学习的动机和态度问题；（2）工作与学习结合的问题；（3）对于民主认识的问题。

学习的动机和态度问题

说是为群众服务，谁都知道，这个大前提是早就决定了的。学习的动机，不是为了"出人头地"，不是为了个人的"出类拔萃"和提高个人的地位，而是为了在群众中替人民服务，准备更多更好的学识和能力，这也是在我们的人生观中确定好的。但是一到了学习的时候，就忘了革命需要，往往是为学习而学习，贪多；或是强调学习兴趣，或是"业务至上"什么的。具体表现在学习态度上，有的同志嫌学习和实用无关，学习得不及时、没用，或是学得太快、太慢等。表现在时间的运用上，有的同志感到过分紧张与过分忙乱，或者是觉得太悠闲与无所事事，因而生活上也就有急躁或松懈等现象。总之，这都是在学习的过程中，强调了一方面却忽略了其他方面，就容易发生学习方法态度上的偏差。

在自卫战争的当前环境中，客观条件不能适合主观努力的要求，由于学习进度的不正常，参考书的不备，以及教学法都不尽

联大学员在阅览室自习

联大学员在走廊里看书

良好，就造成学习过程中的许多困难。"由博返约"既不可能，单学一种又不够用。那么，有些是属于基本训练的学科，就不能不按部就班地去学习。放下眼前的基础，而去好高骛远，便会使我们当下的学习落了空。又有些学识是在工作岗位上才能领会到实用法则的，却不可能在学习时期都准备下，所以有用、没用，是不能从个人主观来判断的，什么知识都是有用的，但是如果硬往实际应用上强拉，就又成了机械的"八股"，不但这种应用太粗浅太

人民的大学
华北联合大学（1939—1948）

联大学生在学习（于张家口）

联大学生在自习

有限，有时几乎反成为完全无用的。我们所谓学用一致，所谓理论与实践结合，是对学习的认识和学习观点方法的确立，反对不正确的学习态度和方法。我们是要人们不把目光局限在书本上，要面向实际，不是像过去学究样的把身子钻到故纸堆中做书虫，而不做现实的体验。贪着多学习一些是好的，若是单独强调这一方面弄得废寝忘食，旁的活动多丢掉不管或是照顾不过来，殉情似的学习下去，这样总多少有些"个人主义"的思想根子没有洁净，才这样任性，才这样强调实趣，才这样强调业务至上，而忽略了正常的多样性的学习生活。

于力（《联大生活（第一期）》）

工作与学习结合的问题

学习是为了工作，工作也就是学习，要在学习中随时准备工作；要在工作岗位上现实地去认识学习，这原不是截然两事。可是我们总是片面地把学习看成是权利享受，把工作看成是单独义务。不错，对个人说，学习生活是要比工作来得暇逸，来得主动，但是从环境的锻炼上说，工作所接触的范围更为广泛，应用学习创造的地方也就更多。在今天的斗争环境中，不可能有大块的时间从事安定的学习，在革命的事业上也不允许我们一切都准备充分再去工作。在自己总觉得是空疏，是肤浅，对于工作没有什么信心，总觉得工作是耽误了自己，因此，我们更须有决心，有精神准备，要能在工作里去学习，在学习中来体验实际。抓紧时间保障学习，让自己的学识有提高的机会，不能靠客观环境给自己学习的方便，这个方便得需要自己去探求。比如宋儒说的"即事穷理"这句话，是要我们遇事问它一个究竟道理。我们在每天工作上所遇的问题很多，要是认真推究起来，便都是研讨不尽的学问。无论文教工作或是政权工作、团体工作，都存在着一时不易克服的困难问题，我们若是能够细心地寻出问题中的矛盾之点，加以系统地研究问题的发生原因、问题的发展经过和问题中可能解决的限度，就此提出解决问题的方案，那么无论事情的大小，总算替革命事业解决了一些困难。若是能够"突破一点，吸取经验，去指导全面"，对于革命事业的贡献不是更大了吗？有的人却认为不进联大过学习生活，便不能享受学习权利，这认识是错了。

古人有言："待有暇而读书，终身无读书之日；待有力而济人，终身无济人之时"。不能等待的，要自己会争取机会，抓紧时间学习，抓紧问题研究，工作就是学习，学习就有实用。这就是工作和学习结合。不必一定要到课堂里听讲的才算学习。解放区的这个新民主主义社会，原是一座大学，容许任何人来学习的，这大学的课堂，就是自己的工作岗位。

对于民主认识的问题

说来话长，中国人民长期在统治阶级制压下，不懂得民主，不惯于民主，这也是有的。若是说中国不宜于民主，却只有蒋介石和他的一群反动派才这样认识！唯其我们不懂得民主，对于民主生活，才有个别的认识差度；唯其

人民的大学
华北联合大学（1939—1948）

联大宣传标语："坚持和平民主团结"
"为建设独立自由富强的新中国而奋斗"

我们不惯于民主，对于民主作风，才有个别的极端表现。大体说来是我们对于民主还都在学习过程中，这些偏差，应认为是必然的，原无须大惊小怪。但是反映在学校里，比如平等与平均主义的笼统看法，自由与放纵的模糊认识，在民主生活中，都是有害的。前者的具体表现是极端民主化的思想，后者的具体表现是集体与个人生活的不协调。

民主政治的原则，是"少数服从多数，下级服从上级"，这是连小学生也懂得的。但在日常生活中，个人利益高于一切的思想，往往在不知不觉中表现出来。你说"少数服从多数"，他还觉得他个人是代表多数的，因而不采纳个人的意见，就是"不民主"；你说"下级服从上级"，他总觉得上级的决定不是"从群众中来"，他个人便是群众，所以上级应该服从他个人！这是一种错误见解。

还有，所谓平等，是说政治地位的平等、经济机会的平等，而不是职务分工的平等、生活待遇的平等，但是我们有的同志以为平等就要平均，这又是一种错误认识，在"整风文件"中，已有明确论述，此不多说。我们因此却想起了一个汉代的故事：从前汉武帝时代有一个统治阶级御用的知识分子，名叫东方朔，在汉武帝朝作一个"执戟郎"。他的俸禄，是和一群供皇帝玩乐的"侏儒"一般多的。东方朔对皇帝这个平均主义的待遇，很是不平。他对皇帝说：

"侏儒身高不过三尺,每天吃一斗米,臣朔身高,足以长,每天也吃一斗米。侏儒饱欲死,臣朔却饥欲死!"皇帝听了大笑,就给他每天增加几斗米。我们的同志是不会同意汉武帝那种平均待遇办法的吧?职务不同,工作不同,生活需要也有不同,怎能一律平均待遇呢?

这个思想的根蒂就在于极端民主化的认识。

自由是说思想的自由,意志的自由,职业的自由,居住的自由,集会结社的自由,个人私生活在群众纪律中的自由,而不是说个人有超社会生活的自由,有特殊权力的自由,有放浪形骸的自由。何以呢?因为个人的言行影响都是不能和社会生活脱离的,因而便不能和总体中的旁人了无关系的,所以个人的言行便都要向社会大小负些责任。个人在集体中的关系,愈到社会生活复杂,愈到社会的组织机构完密,个人的自由,便愈有限度。从前十九世纪的斯宾塞尔做"群己权界论"(严复译本),在资本主义社会开始发展时,就提出这个问题来,一方面建立了个人对于人权的基本思想,另一方面也开启了自觉性的个人自由的启蒙学说。

"个人自由"与"个人自由主义"又不可混为一谈,没有个人自由,与不容许个人自由,正是法西斯统治思想。新民主主义必然地要走到新资本主义的道路上去,所以自由经营的企业和自由思想的学术,现在已被提倡,所以新民主主义社会乃是尽量发挥个人天才的社会。至于个人"自由主义"则是"个人至上主义"的放纵思想。不管群众纪律,不管客观环境的容许与否,独断专横地破坏群众利益(或独占群众利益),只许个人自由,不许旁人自由;扩大个人的优越感,蔑视旁人的自尊心等的想法和行为,这也是法西斯统治思想的一种具体表现!

在集体生活中的我们不强调共性,但也不抹杀个性。集体生活原是以个人为基础的,但个人自由,从属于集体自由,个人利益,从属于集体利益。在现在社会中个人离集体而存在,是不可想象的事,因而群众纪律,是个人道德的标准。为了群众的利益，个人的生命尚可牺牲，何况私生活中的一些个人自由？

强调集体而干涉个人那些并不危害群众纪律的自由，与强调个人自由而不顾集体利益一样，均是走了极端。若是把个人的思想就认为是集体的意思，就像旁人若不服从自我，就是"不民主"的想法一样，是不通的。

明白了这个分界，哪还有集体与个人生活的不协调呢？在集体生活中领导与被领导的双方，都要培养这种民主自由的作风。

在民主认识下还有种种偏差，刘少奇在给宋亮的信中，都有剀切指示。其余已转入"论党"的几篇文章，我们都要很好去研读一番，借以培养和纠正我们对于民主的差别认识。

以上的一些话，愿与全校的同学和工作同志们交勉！

4. 为工农兵服务——知识分子的路

1939年，延安中国青年社为了纪念"五四"二十周年，请许多革命前辈写回忆"五四"当时情况的文章。李富春、张浩、陈绍禹，还有很多同志都写了。文章长短不同，但都洋溢着当年的火热情感，把这些文章再跟他们身经廿年战斗、百炼成钢的历史合拢一起想起来，对于我们是有更丰富的教育意义的。毛主席在那一期的《中国青年》上也写了文章，在那篇文章里毛主席着重说明了知识分子要与工农结合的问题。

"青年知识分子要与工农结合"，或"青年知识分子要为工农兵服务"，这是每逢讲到知识分子问题时，毛主席总要教诲我们的话。在《新民主主义论》里，在《在延安文艺座谈会上的讲话》里，在《论联合政府》里，我们都可以看到这样的指示。

知识分子为什么一定要与工农群众相结合，为什么一定要为工农兵服务呢？不与工农群众结合不行吗？为其他阶级服务不行吗？或者说不为工农兵服务，也不为其他阶级服务，而只是为我个人服务不行吗？

实际上，不与工农结合的知识分子是很多的。不为工农兵服务而为帝国主义服务，而为大地主大资产阶级服务的知识分子也不是没有。自认为不偏不倚，讨厌"党争"，自命清高的知识分子则更是不少。

但是，历史的事实告诉我们：为帝国主义和反动派统治阶级服务的知识分子是把自己的脑袋拴到反动统治者的大腿上往坟坑里跑，当时自以为出人头地飞黄腾达的道路乃是卑鄙可耻的死路一条。同时，眼前的现实，和我们许多人的亲身体验，都清清楚楚告诉我们：不为任何阶级服务只谋个人生活（所谓"靠本事吃饭"）的想法是如何虚伪妄诞，强着面皮自命清高的下面是包藏着多少屈辱与苦闷。

在今天，蒋宋孔陈四大家族下决心要打碎所有中国人的饭碗，操纵所有中国人的死活的时候，再要设想可以站在政治圈外，不是十分愚蠢可笑的事吗？当以毛泽东为首的人民大军已经向一个独立自由幸福的新中国胜利前进的今天，即使为了自己个人的生存，为了自己做一个堂堂正正的人，也不能不与工农群众相结合，不能不为工农兵服务，除此之外，再也没有第二条道路可走，这不也是明明白白的道理吗？

"知识分子要与工农相结合，知识分子要为工农兵服务"。这是毛泽东指示给我们的路，这也是"五四"以来中国历史活现现地指给我们的路。我们要认清这条路，我们要坚定地在这条路上勇敢前进！

丁浩川（《联大生活（第三期）》）

5. 文艺工作要走群众路线

联大戏剧系在排戏（于张家口）

为了向实际学习，向群众学习，进一步在工作中学习，达到教学与实际密切联系这个目的，戏剧系同学于去年年底的一个月中，在住村及附近帮助老乡建立了四个剧团（这是本系同学第一次深入群众工作，以前土地改革时，只是演剧宣传）。从组织工作到演出工作中，学习到许多在课堂里学不到的学问。在老乡方面来说，起初看起来似乎是什么也不知道，而现在都已经能自己编剧，自己排演，自己演出，而且到十来里外的村子去演出了好几次。

帮助村剧团的工作内容是多样的，也就有着多样的经验。其中有一个共同的经验，便是方法问题，也就是思想问题，对于工作的成败起着决定作用，下文主要就编剧与导演方面来简单地提供一点经验。

我们有不少同志，很苦闷地喊着自己不会写剧本。没有生活，没有技术，写不出来，那是因为他们什么都要一个人搞的缘故。第一，瞧不起别人；第二，最好一切都是自己一人动手。那么，"成名"也会是"我"一个人。以戏剧系同学来说，他们谁也没有写过什么剧本，没有方法，更不熟悉农民生活。但是他们与农民、农村妇女和儿童在一起，却都创作了一些相当可观的剧本，并且演出效果一般说来都不坏，甚至得到不少赞扬。这成绩是从何来的呢？没有别的，他们就靠着一件法宝：那便是毛主席指给我们的"群众路线"。剧本的故事、人物都是群众说出来的，情节也是群众编出来的，虽然我们也提供了意见。语言，我们同学是谁也没有一套的，可是群众自己有的是。是他们自己写出来的。同学们在里面起了什么作用呢？他们发动了群众，组织了群众，组织了群众的智慧和力量。他们首先向群众学习，又反过来指导群众，他们就是这样写出好的剧本。

在排演方面也是一样。老乡们的戏演得好，这是看了戏的人所公认的。是不是一切都是我们同学教的呢？完全不是，是群众自己排的，是组织了一些最熟悉剧中生活的群众来排演的。而我们同学是不是什么作用也没有起呢？不是。他们启发了群众——当群众"做"戏而离开了真实生活的时候，同学们给了群众一个老老实实的、一切从实际生活出发的创作方法。把群众的丰富生活，很自然地引导出来。当群众从"做戏"这个旧观念的束缚中解放出来后，许多生动而真实的生活，便像无止境的泉源似的涌出来，成为创作中最精彩的部分。要知道，群众不是不会做戏，只是不知从何下手，更不知道就是要真实的生活。而当他们觉悟了以后便大胆地创作了。因为那些真实的生活，他们有的是！这样，同学们在技术上稍加以帮助，便成了相当精彩而完整的作品。

联大戏剧系在排戏前化妆

经过一个月的工作与学习，现在村剧团已经能够自编自导，而曾经对于创作与导演工作毫无信心、毫无办法、深深苦闷过的同学们，现在都愉快而兴奋地说："现在不怕了，我们有'群众路线'。如果他们开始便瞧不起群众，不尊重群众，把群众当成'落后'与'无知'，而把自己看成是'有文化，又有技术'的大学生，什么都从自己主观出发，都不向群众讨教，都自己想，自己做，什么都为了自己成名，而这个'名'不许别人有一份。能够有今天这点微小的成绩吗？不能！那才会是保持着'落后'与'无知'哩！"

虽然如此，不等于每个剧团的工作都搞得很好，缺点还存在着许多。很多工作没能做得更好，那是由于很多同学把"群众路线"简单化了。大部分同学开始下去的时候，很尊重群众。而大部分群众则更尊重我们同学。群众不是没有办法，一般说来，开始是不知从何下手的多，而见了我们的"大学生"以后，便更不敢轻易开口，群众自己原来就有着"艺术"的宝藏，可是不知道那就是"艺术"。于是便一切唯"大学生"之命是从。于是有部分同学便得到这样一个安慰自己的结论："毕竟群众还是无知的。还是我们行。"于是便由虚心而自满，由战战兢兢而声势浩大起来，于是便大刀阔斧地包办代替，发号施令地干起来，结果出了毛病。再一种是这样：他们是时时刻刻尊重群众，一切都让群众自己动手，他们则站在一边，什么意见也不发表，什么都是"你们自己想，自己做"。于是大大地"放手发动"，造成放任自流现象，等事情弄糟了，群众情绪坏了，还不知道问题出在哪里。

怎样走"群众路线"，是每一个同志都必须深刻学习与研究的问题。这个文件已经发下来了，我们好好学习吧。我们的经验证明，这是决定一切工作的成功与失败的严重问题，是每个同志都要重视的问题，而学习"群众路线"绝不能满足于能够解释文件与背诵文件，只有在工作中、在实践中才能证明你究竟懂得了多少。

舒强（《联大生活（第一期）》）

6. 我们应该用什么态度来纪念中共生日

中共今年廿六岁，年富力强，身经北伐、土地革命、抗日战争三次大革命，每次革命中中共都有功勋，特别是在抗战中建立殊勋。现在解放区领导着轰轰烈烈的土地改革，使千千万万在五千年来残酷无比的奴隶制度封建制度下受尽了毫无人道的剥削和压迫的农民彻底翻身了！它有数百万正规军、地方武装、民兵，天天消灭着为美帝国主义所全副武装的专门屠杀人民的蒋家军，因而天天在解放着正在挨饿、挨打、挨杀的庞大工农、知识分子，眼看着全国性的革命高潮就要来到而可能获得最后的胜利。更值得提出的：它有大智、大仁、大勇（谢觉哉语）史无前例的英明领袖毛泽东同志做它的舵手。

恭逢这样伟大的无产阶级政党的诞生，我们党内教职学勤杂人员应该了解这种初步的胜利是从中国百年来无数党外优秀人民与党内忠实同志抛头颅、洒热血而来的，我们应该在这些千古不朽的烈士面前坚决宣誓加倍发奋工作学习，搞通思想，全心全意为本校数百聪明有为的青年服务，培养才德兼备的优良人才，准备他们不久奔赴前线后方去结束蒋贼毁灭民族的统治，为革命烈士复仇，为劳苦大众伸冤，为中华民国雪耻。其次要虚怀若谷，向党外革命干部、同学、勤杂人员好好地学习他们的优点，和他们共同奋斗，更应该吃苦在前，享乐在后，言行相顾，以身作则，领会与实现毛泽东同志千百次反复昭示我们的"从群众中来，到群众中去"的道理。

正在此千钧一发的时候，党外同志们应知中共是诚心诚意欢迎大家给予善意的批评，决不袒护自己的弱点，热望大家提出改进教学的宝贵意见，使联大下半年在各方面更进一步地巩固与发展，完成与超过教育工作会议所决定的任务，同时更要明了中共永远愿与革命知识分子一起进行革命与建设独立和平民主的新中国。对于党外同志不够尊重、态度不好的，只是极少数人，领导同志是在不断地教育他们、批评他们，渴望他们立刻改正。"这些同志也是发展的，今天得向别人，明天后天也许就要向他们道歉与赔礼"（毛泽东语），真正做他们的勤务员与小学生。

总之，全体党内外同志都应当体会到蒋管区三万万老百姓多在嗷嗷待哺，

人民的大学
华北联合大学（1939—1948）

日夜翘首等待解放军去从美蒋所创造的人间地狱中把他们拯救出来。因此，我们都应在成校长正确领导下比以前更加紧密地团结起来，互相勉励、敦促、批评，及早以马克思主义和我们所学的业务当作锐利的武器去平毁那座使人不能喘气、不能生存的地狱，深信全体同志一定能在林教务长所号召的立功运动中，大踏步地前进，事事立功，处处立功，以俭学勤工来增强力量，减轻民负，在毛泽东旗帜下来完成顶天立地的革命大业，这是我们纪念中共生日的正确态度。

浦化人（《联大生活》第五期）

7. 大反攻前夜的教师节

今日解放区各战场的大打胜仗，蒋管区许多城市弥漫着的抢米运动及各大学反内战反饥饿的大示威，和各省农村风起云涌的民变大骚动，正象征着人民解放军大反攻的前夜。

随着大反攻的来临，我们将收复更多的城市与乡村，更多的机关与学校。大量优秀干部的需要是放在我们面前迫切的任务之一。

华北联大是晋察冀培养干部的最高学府。现在虽为减轻人民负担，而某些部门尚需继续精简，但各院研究室提高教员政治业务水平的工作已在进行。全校师生加紧教学，加强劳动，都是准备大反攻的措施之一。在

联大政治学院学生柯黎在报告平津学生反饥饿反内战的斗争

此时期的教师们，不但要把研究室与各班的教育工作做得更加漂亮，而且还应当高瞻远瞩，看出将来需要怎样的人才而苦心孤诣未雨绸缪地及早订出计划，写好新颖教材，以迎接大反攻的来临。

人民教师的地位，似乎不像人民将军般"显赫"，若不具备埋头苦干与"俯首甘为孺子牛"（鲁迅语）的精神，就不容易全心全意脚踏实地久坐发动首脑机器的冷板凳。实际教育工作是极其细致深刻与易见成效的群众工作。知识青年不但肄业时期在各方面突飞猛进，而且出校以后在各个战线上，能把教师们整日苦口婆心所教授的道理与业务在工作中变成雄伟的人力物力，以拯救千万同胞早日脱离美蒋人造的苦海。

怀着革命人生观的教师同志们！今日目睹蒋介石卖国集团日落西山，本校同学们各种知识的迈进，劳动观点与群众观点的激增，热烈的亲切的慰问纷至沓来，必将精神抖擞奋发自励以完成其光荣的教育的历史使命。

浦化人（《联大生活》第四期）

人民的大学
华北联合大学（1939—1948）

（二）在劳动的熔炉里

1. 参加大生产运动

在劳动中学习　　在实践中成长

1944年，反法西斯战争胜利在即，垂死挣扎的敌人却企图破坏边区军民的一切生存条件，对根据地残酷地实行"烧光、杀光、抢光"的"三光"政策，妄想把抗日军民困死、冻死、饿死。此时，晋察冀边区党和政府号召全边区军民"一面战斗，一面生产；大家动手，克服困难"。为了支援战争，整个边区动员起来了，华北联大全体师生也积极投身到这场伟大的群众运动中去，开展起轰轰烈烈的大生产运动。

同学们有一段时间上午学习，下午生产。每个人都根据自己的体力等条件自报一年的生产任务，男同学都自报粮食百斤以上，女同学一般在80斤左右。于是各种生产门路被开辟出来了，种地、运粮、磨面、卷烟、砸杏核、纺纱、缝纫、打毛衣、捻线线、捻羊毛、做军装……人人动手。

这头一关就是种地。学校所在的束鹿县土地不多，可以借给联大师生种的不过十几亩地。二十几个人种十几亩地，似乎不成问题。大家向老乡借了犁，但是没有牛，就只能靠人力手拉犁。于是同学们就在犁上拴了粗绳，三四个同学在前边拉犁，一个同学扶犁。一天劳动之后，拉犁的同学肩头全磨破了，一个个汗流满面累得散了架，倒在地头上就不想起来。其他活儿也并不容易。运粮的，从几十里地以外运回粮食挣点运费，没有车马，肩扛几十斤粮食，走不了多远就气喘吁吁。有人借到独轮车又不会推，出门就翻车，来回五六十里路，早晨天不亮就出发，天大黑才回来。做纸烟的，买了些下脚料烟丝、废旧烟包装纸，用手工卷倒不费力，拿到集市去卖，结果一支都没卖掉。原因是他们不会张嘴吆喝。同学们感到这比种地还困难，这也使他们懂得了劳动人民谋生路是多么不容易。

联大教育学院同学课余生产——打草鞋

又苦又累的活要数冷天到炭灰铺煤窑去背煤了。几十个体力较好的男同志都干过这活儿。他们一个人要背七八十斤煤，往返80里山路，天没大亮就出发，天黑了才回来，两头不见太阳。每人只带10两红枣作干粮，20来岁的小伙子哪里够吃，饿得走不动了，只能摘下路边树尖残留的

联大同学们紧张地赶制军装

人民的大学
华北联合大学（1939—1948）

联大学生参加农业生产——犁地

联大学生参加农业生产——锄田

一点黑枣充饥，渴了喝上几口凉水，害得许多人肚子疼。有一次，晚上九十点钟了，还不见背煤同志的人影，村里的同志急得坐立不安，全班的人都跑到村口外等候张望，有的人爬过山头去迎接，好不容易这批远征军陆续到家了，一个个满脸污黑累得像散了架。

真正使同学们进入劳动领域的，是在滹沱河工地修防洪堤。1947年边区政府要在安平县滹沱河洪水走向的地方修一道防洪堤坝，按土方计酬，每方土（一丈见方，一尺厚）8斤小米。这活计对联大这些年轻人太合适了，半个月基本上就可以完成生产任务。经过几天行军，同学们到了安平县一个村庄住下。第二天早上去上工，走到工地没有看见滹沱河的波涛，只看到一望无际的麦浪。他们要做的工作就是在堤内（当时还看不见堤）挖土，挑到指定地点堆起来，要符合标准的高度、坡度和光度，而且要逐层夯实，筑成一道名副其实的防洪堤坝。头两天，这些双手没拿过铁锹、肩膀没压过担子的知识分子手起泡了，肩膀肿了，腰酸腿疼，一天干下来累得走不回村子。可是在他们旁边，一个人分一段地的民工，他们是那样不紧不慢，有节奏地工作，一天不显累，还比他们干得多。"对！向他们学习，拜他们为师，他们怎么干，我们也怎么干。"联大的青年们这样激励自己。几天过去，手上生了茧子，肩膀上隆起了肌肉，互相比赛的吆喝声此起彼伏，下工的队伍不再沉默，出现了歌声和笑声。但新的情况又出现了，坑越挖越深，堤越垒越高，五尺深的坑，一丈多高的堤，上上下下越来越费力。经过几天劳动的同学们增长了智慧，

联大学生参加农业生产（于正定）

已经不像第一天那样手足无措了，同志们用杉篙扎起了土吊车，从挖第一锹土时就留下上下的台阶。大家的情绪越来越高涨，光着膀子，担起土筐来去健步如飞。土筐装得冒尖，平均一分多钟挑一担土，普遍超过每天一方土的进度。一段段堤坝完成了。联大的青年们站在一条长龙般的大堤上，踩在坚实的土地上，看看光滑的堤坡，他们感到自己变了，从"肩不能挑担，手不能提篮"的小知识分子，已经锻炼得能够参加许多重劳动了。他们在劳动的熔炉里磨炼了意志，迅速成长起来。

卖点心的恶作剧

华北联大许多城市来的学生，在各种劳动中也有自己的乐趣，也闹出过许多笑话，甚至干过至今想起来仍能令人忍俊不禁的事。文学系几位活泼可爱的女同学70多年前搞的一个"阴谋"，大概校长、院长、系主任和老师们至今还不知道呢！

据"主谋"之一黎白回忆，大生产运动期间，她们文学系几位女同学除了纺线之外，有些重体力劳动是不允许干的。那怎么发展生产呢？一位来自南京的莫堤同学提出可以做点心，而且保证炸出来的点心比集上卖的高级美味得

多，肯定能大卖。几位女同学商议后都表示赞同，于是她们向学校贷了款，按照莫堤开列的单子，买来了香油、鸡蛋、白糖、白面等材料。莫堤亲自动手炸出的三四十斤点心，真可以说质高量多味美色香，人人看了都会流口水。怎么卖呢？一核算大家全傻了眼，自制点心的成本要高出集市上卖的三倍，不用说利润了，按成本也没人买得起呀。莫堤同学扶扶眼镜，喃喃地说："这是南京也难买到的最好的点心啊……"是啊，点心虽好，大家看着它却发了愁，她们自己连买一块儿点心的钱也没有。点心拿到集市上，的确吸引了不少四乡群众，但大家一听价钱都摇摇头走了。直到收市，连一两、一块儿也没有卖出去。几个女同学急得眼泪都流出来了。

可是，就像毛主席说的：斗争之计，用脑子总是可以想出来的嘛！冰雪聪明的姑娘们根据心理学和女同学的"特殊性"，制定了一个"作战方案"。她们先计算了这几十斤点心的成本，确已贵极了。于是，她们一斤一包，包了几十包，定了一个原则：向校院系领导及教员们送货上门去兜售，卖给陈企霞、肖殷老师只收成本费；卖给何洛、厂民老师，加三成利润；卖给成仿吾校长、周扬副校长、沙可夫院长、艾青副院长则加五成到一倍的利润；卖给自己文艺学院的一位秘书则要两倍的价钱。原来，她们的这种"议价"，是按老师那儿钱多少计算的，个别的是按照个人的喜好计算的。

方针已定，由女同学带着点心送货上门，"请师长们试尝"。老师们在边区这些年，都没吃过这么好的点心，当然立刻赞不绝口。于是，女同学掏出一包或两包请他们买，他们尽管听着价钱直吸气，却只好掏钱买了。记得那位素来以节俭闻名的秘书"试尝"时，耸着肩膀、搓着手、眉开眼笑地赞美着，当听到要他掏出一个月的保健费才能买一斤点心，而桌上却摆了三斤的时候，他那目瞪口呆两眼发直的神色至今仍引人发笑。姑娘们大获全胜了，几十斤点心卖光了，剩下几斤给全系同学分着"会餐"了，居然还有相当的利润。如今回想起来，这当然近乎于恶作剧。

2. 参加土改

土改——深入生活的第一课

1946年初夏,党中央发出"五四指示"。为积极响应党的号召,从1946年8月到1948年3月,共计一年零八个月的时间,华北联大教职学员,在坚持教育的同时,怀着极大热情和新鲜感,参加了改造社会、领导农民翻身的伟大革命运动——土地改革工作和学习。这是一个崭新的极丰富极生动的过程,又是一次实实在在地为人民服务的革命的考验。

联大师生先是和地委、县委的干部们混编成工作队,分小组派到各试点村。他们就住在贫下中农家里。老乡家很穷,真是"糠菜半年粮"。到了春天,闹春荒,就吃糠饼子(榆树皮粉与糠合在一起做成的),经常卡在喉咙上使劲才能吞下去,榆钱加点玉米面就是美味佳肴了。灾荒区的土改,生活就更加困苦了。例如在井陉(教育学院)土改的同学,经常吃糠菜、吃树叶、喝黑色的脏水(天旱缺水),有的要爬一次山才吃一顿饭。文学系的学生黎白当时住的一位孤身老贫农家里,只有一间破土坯屋子,四壁空空只一盘炕。炕上半领破席,一条补了不知道多少补丁的已经看不出原来颜色的破棉被。老人身上只有一件没有多少毛的光板皮袄,一条破烂不堪的青布裤子。在炕上睡了一夜,她身上的虱子就可以用把抓了。而村里的那磨砖对缝三进深的大瓦房里却住的是骡马成群、粮食满仓、长工丫头好几十个的大地主。这些切身的体会、观察,使联大师生

联大政治学院院长何干之和同学们在与新农会代表研究土改工作

人民的大学
华北联合大学（1939—1948）

懂得了什么是剥削，为什么必须革命，为什么一定要打出一个新社会、一个没有人剥削人的制度。

土改期间，同学们大都被指定进行阶级关系的情况调查，着重访贫问苦。这既是搞土改必须做好的基本工作，又是使年轻学生了解农村阶级关系的生动一课。由于同学们有高度的革命热忱，学校也进行了充分的思想动员准备工作，所以去参加土改的同学，对工作都是认真负责、热心积极。但是，刚开始时访问调查工作进展并不顺利。由于工作经验较少，对农村一般情况不是很了解，不少学生一来就直接拿起本子挨家串户到农民家去问、去记。还有的学生用自己就半懂不懂的"剥削""剩余价值"等理论跟老乡讲"究竟谁养活谁""地主老财剥削农民"等道理，说了半天，人家都不爱听，也听不懂。

联大学生参加土改，深入到群众中访问、调查（于正定）

碰了钉子的同学们立即改变了方式，通过各种途径和农民打成一片。在贫雇农家里，男同学帮助挑水、扫雪、种地，女同学帮助老乡做饭、洗衣服，有的同学给穷苦的老乡衣服穿、棉被盖，自己宁愿受冷。有的土改村的附属村之间隔着一个大山，每去开会总得爬山一次。有时开会回来，因村里事多，便在漆黑的山道中，拴着大枪，一步一步地摸着走，直到深夜才回到住处。联大的同学们就是这样进行着土改工作的！

曾经参加过两次土改的联大艺术系学生冯真，刚开始时给一位带着两个孩子的寡妇做工作，这位寡妇爱搭不理的，说话也不冷不热。后来冯真就帮她掰玉米、干活。回来以后，这位寡妇就恨不得把家里什么东西都给她吃，因为她觉得这位同学是诚心为她服务的,不是玩玩就走的。

美术系的高焰住在村头一位做豆腐的老大娘家。大娘整日推磨、挑水、捡柴、烧火,家里的小孙子见生人来,就把着门框哭。大娘本和她说不上几句话。但她感到大娘生活太艰难了,便在大娘推磨时,主动去挑水。大娘外出捡柴时,她在家里推磨,闲了还唱个解放区的儿歌哄小孙孙玩。这样,老大娘同她有话说了。老大娘搂着小孙子,向她说起自己的遭遇,原来大娘丈夫早年在修缮村东大庙时摔伤,官家不给医药钱,欠了债。伤治愈了,五年以后反而被地主逼债,没有了活路,在庙门外那棵大槐树上吊死了。儿子被抓去下煤窑当劳工,一走五年没音信,媳妇也被逼着改嫁了。后来,老大娘打消了各种顾虑,携着小孙子,在东大庙老槐树底下的诉苦会上诉说了自己一家人的遭遇。

同学们这种高度的革命热情激发后,夜以继日埋头苦干,使得土改工作善始善终坚持下来了。在县区地方党的领导下,清算和斗争了特务恶霸和地主反革命分子,平分了土地,分配了牲畜和浮财。亲身参加了张家堡村斗争大会的郭锋回忆起那天的场景:露天大戏台下,"到会者数千人,黑压压的一片。一位五六十岁的贫民老大娘上台,面对面地控诉地主的罪行,一边讲,一边哭,讲到最痛心之处竟气得昏死过去。台下群众义愤填膺,振臂高呼口号:'坚决为×大娘报仇,向地主张××讨还血债!'台下许多人抹眼泪,控诉者一个接一个"。这真是了解地主如何残酷剥削压迫农民的生动一课。

在分配胜利果实的一次大会上,一位老农民老早就等候在台下,两眼急切地望着台上,嘴角凝结着微笑。一听到大会主席叫他的名

土改说理斗争

人民的大学
华北联合大学（1939—1948）

字，他立即三步并做两步地登上台来，双手接过发给他的土地证，连忙跪下给墙上的毛主席像磕头。还有个贫农大伯蹲在他刚分得的土地上，捧起一大把土，看了又看。他自言自语地说："我在这块地里苦熬苦挣地干了三四十年，差不多这地里的每一颗土坷垃上都有我的血汗，可它过去一直是属于地主的，我风里来雨里去好不容易打下点粮食，还要把大部分拿去给地主交租子。地主膀不动、身不摇，吃香的、喝辣的，咱农民却落个辈辈穷。从今往后我就要在自己的土地上干活了，这土地就是我的命根子啊！"农民们多少辈盼望着能有一块属于自己的土地啊，正是在共产党领导下才能如愿以偿。

土改中分得土地的农民

联大学生下乡土改，向农民介绍怎样丈量土地

第三篇　服务人民锻筋骨

土改中没收的地主浮财

土改中农民分得了骡子和大车　　　　　　　土改中穷苦农民分得粮食

联大同学将在束鹿参加土改时所缴获的部分有价值的书整理登记，准备赠给学员们

人民的大学
华北联合大学（1939—1948）

分得土地的农民积极参加农业生产劳动

土改的几个月里，联大师生发动了群众，斗倒了地主。贫雇农分了土地，分了胜利果实，整个农村天翻地覆，一片欢腾景象。联大教职学员，共有一千二百余人参加了宣化、万全、涿鹿、怀来、广灵、延庆、束鹿、正定、获鹿、行唐、井陉等十一个县份的土地改革。先后共有五十个区、五百五十多个村、十万多户、五十万左右的人口进行了土改。联大师生结束土改，集中到涿鹿县城之时，那些翻身农民从四乡赶着满载猪羊水果的大车涌进城来慰问他们。不收农民的礼物，农民们就不走，有的翻身农民还急得直哭。晚上，联大师生和农民代表一起开了盛大的庆祝胜利的晚会。人们欢欣鼓舞，笑逐颜开。老当益壮的教育学院院长于力兴奋已极，即席成联："涿鹿县英雄小聚会，察哈尔农民大翻身"。

土改结束时农民赠给土改工作组的部分锦旗

118

土改中的文艺宣传队

土改的试点工作扫尾时，工作队领导为把土改工作大面积铺开，决定由华北联大美术系和音乐系组成一个文艺宣传队，在工作组进村之前先去演戏，以启发群众的阶级觉悟，宣传党的土改政策。两系同学集中起来讨论演什么戏。现成节目只有《白毛女》合乎这个要求，但当时没条件演大戏，决定编新的。每个同学都述说自己在试点工作中访贫问苦最受教育、最动心的事。讨论编戏的会，成了第三人称的诉苦会。灵感来了，人物、情节都有了！两天时间集体创作了秧歌活报剧《斗争张老财》。同学们稍加排练，就登台了。

顾群创作了一个被地主侵吞了房屋、土地的贫农大嫂形象。她有一段响亮的台词："你这黑心狼！放的是子母债，本生利，利又归本，我家种了几辈子的十亩好地，卷进了你张家户头！我家三间平房，也霸到了你手里！弄得我一家流落外乡，没有了活路！你还我家地，还我家房，你还我房前栽的五棵小柳树！"李为创造的是一个被地主毒打致残的小后生，邓野演一个长工，音乐系的一个男同学演老车把式，高焰演做豆腐的老大娘，棣兰、革华、龚琏、张启等同志都有自己创作的角色，都是以访贫问苦时熟悉的农民为形象依据。洪波演张老财，模拟古元名作《减租会》中的老地主形象，惟妙惟肖。音乐系同学还负责排练了全体宣传队员的合唱节目。学生们每次演完戏，便在房东家和吃派饭的农民家听取反映。多种反映中，有一句不约而同的话："你们演的戏，和我村的事一样哩！"

后来同学们参加诉苦会、说理会

土改时贫苦农民在诉苦

人民的大学
华北联合大学（1939—1948）

联大同学到街头演街头剧《捉特务》

联大政治系部分同志土改归来留影

多了，每个人都了解了不少类似杨白劳、喜儿和黄世仁、黄母那样的人物，了解了不少地主压迫农民、农民同地主斗争的故事。为了配合土改宣传，文学系的同学集体创作了一个歌剧，经晋察冀军区抗敌剧社的同志帮助修改后上演了。整个剧本以老贫农父女俩同地主斗争为主线，穿插一些别的斗争的故事，最后是群众大会，面对面斗争地主。全剧的台词都没有写入脚本，而是大家了解剧情之后，上台去随机应变，临时现编词。演出时，在明亮的汽灯光下，只见台下人头攒动，成百上千双眼睛都在盯着这些演员，他们心里确实有些发慌。但乐队奏起了过门，他们立即进入角色，心情反而平静下来，偶尔还能想起几句颇为精彩的台词。在白天排练时，马琦扮演的地主竟真的打了郭锋扮演的老贫农一个耳光，打得他脸上火辣辣的。晚上演斗争大会，"老贫农"也真的打了"地主"一个耳光，并且说："你忘了，你打过我的那个耳光！""地主"用手抚着脸，呆呆地望着老贫农。下台后同学们都把这一段当成笑话。

土改工作虽然中断了一些专业课的学习，但学生生活的视野空前开阔了。他们的文艺宣传忠实于生活，在台下与群众以心交心，在台上说出了人民要说的话。农民的困苦和要求在他们的心里占了重要位置。土改，让同学们上了深入生活的第一课。

（三）前线的文艺轻骑兵

1. 排演苏联话剧的幕后故事

1941年，为了纪念中国共产党诞生二十周年和抗战四周年，联大文艺学院和文工团排演了苏联大型话剧《带枪的人》。杜金生参与了后台服务工作，专管演员服装，岳慎任后台服务组组长。

在演出准备工作中，演员需要几十双皮鞋，这在当时的条件下的确是件不容易的事，只有找军队帮忙。为此，杜金生找到了学校的军事科科长张西帆（1949年后担任过北京卫戍区副司令员），由他同四军分区联系，好不容易才把皮鞋凑齐了。为了化妆，要收集橡胶鞋底用来加工成可塑化妆品，把演员的鼻子或下颌加大，在灯光照耀下很像黄头发、大鼻子的苏联人。可是演出中由于天热出汗，有时化妆的大鼻子竟掉在舞台上，令人发笑。扮演列宁的牧虹有一次下场回到后台问："列宁讲话那段台词，我是否讲得太快了，你们听出来没有？"大家都说没有听出来，他笑着说："我这几天拉肚子，实在撑不住了，那段讲话不得不加快速度，可又不能露馅，真难受。"逗得大家直笑。

此剧开始在文艺学院驻地下槐村为全校师生公演，然后到晋察冀军区驻地和边区政府所在地去演出。那时在敌后抗日根据地能看到这样一些大型话剧，实在是不可多得的享受。

2. 在联大学美术的故事

学画画，也学做人

张家口才解放半年，重建联大文艺学院也不过几个月，可此时的联大美术系不仅人才荟萃，而且教室的设备也初具规模。一进素描教室，便能看到几个显眼的大石膏像。石像的周围摆有二三十个带松木味的新画架，每人都配有一个方凳，放倒坐也十分舒服，还可以变换三种高度，满足大家不同需要。而这些精妙的设施，都是老师和艺专来的同学们共同设计，再找木工做成的。虽然条件艰苦，但在师生的共同努力下，创造出了良好的学习环境。

联大美术系的同学，大都是从北平艺专撤回根据地的地下党员和他们的朋友，也有两位从重庆育才学校来的，根据地来的并不多。艺专来的同学掌握了一定的绘画技法，因接触西方现代各流派美术名作的资料，画风或多或少受影响，刻画形象的写实能力并不扎实，尤其缺少创作实践。根据地来的同学虽做过一点点实际的美术工作，但没有系统学习基本绘画技法，有的还在自学中形成某些痼癖。重庆来的同学则两种长短居中。这样，学校在课程的安排上，除全校和全院共同的政治理论和文艺理论大课外，专业课中的素描等技法基础课占了较大比重，由从北平新来的左辉教授等三人讲授素描课。

创作课是由莫朴负责，彦涵、古元、马达、沃渣、张仃等延安来的老师分别承担创作课的专题讲座，主要介绍他们的创作经验和艺术活动体会。他们在火热斗争中接触人民群众，从中吸取营养，又借鉴民间剪纸、年画和旧小说插图的表现手法，力求作品能使群众乐于接受。在联大文艺学院举行的第一次美术展览就是延安木刻。已成为中国美术史一个里程碑的这许多作品和作者的经

人民的大学
华北联合大学（1939—1948）

验谈，使同学们加深了对毛泽东阐明的生活与艺术、内容与形式、民族化与群众化等基本客观规律的理解。同时，也启发学生认真思考：在艺术道路上应怎样起步。

还有一门课，是不拘形式地进行的。当时，虽有电灯，却不太亮，晚上不安排绘画活动，老师们常到男生大宿舍去谈天。年轻而有所追求的同学们总要问这问那，于是就形成了座谈会。江丰、王曼硕、马达、沃渣、胡一川、张仃、莫朴、彦涵等斗争经验丰富的老师便被热情邀请到大宿舍，成了座谈会的主讲人。从30年代初鲁迅领导的左翼木刻运动的发展道路，到抗日救亡运动中的美术工作，八路军、新四军在敌后的美术工作经验，延安文艺座谈会后鲁艺美术系师生到"大鲁艺"去的体会，延安和敌后美术创作的成就在国统区的影响等，老师们以谈心、聊天的方式现身说法，讲亲身经历，虽然还没有形成系统的现代美术史课程，却令人倍感亲切、生动，印象深刻。

这里许多老师历尽千辛万苦，追求革命，献身民族解放和共产主义事业，

美术系同学创作宣传画

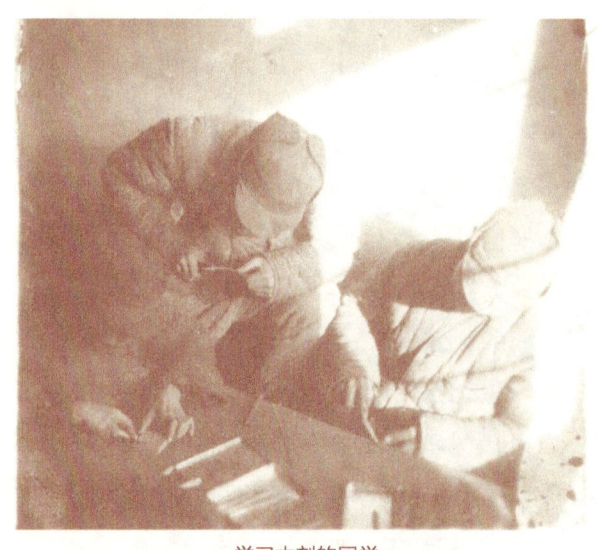

学习木刻的同学

在对敌斗争中有贡献，在美术创作、理论研究和美术教育上有成就，却谁也不讲自己的光荣斗争事迹。只是当本人不在场时，别的老师背靠背地介绍其他老师的感人故事。例如，江丰在狱中同国民党反动派进行坚强果敢的斗争；胡一川作为一个南洋华侨青年，不辞艰险回国参加革命；彦涵多次出生入死到敌后武装斗争前线……

联大美术系的学生，在老师们的谆谆教导下，深深扎根群众，汲取养分，用火热的青春泼墨出一幅幅革命画作。他们在这儿学画画，也在学做人。

以笔为枪，战斗生活中的宣传画

1941年庆祝晋察冀军区成立两周年的大会期间，华北联大举行了规模空前的美术展览。展览的作品大多数是联大师生们的创作。为了进一步推动敌后美术工作的开展，边区美协决定由田零携带这次展览的作品前往冀中地区巡回展览。

7月下旬的一天，田零把画卷成了一轴，裹上雨布背着，动身随同北岳区群众团体（工农妇青文）组成的冀中考察团出发了。北岳区和冀中区被平汉铁路分隔开来。日寇为了确保交通安全，在铁路两侧挖深沟、筑高墙、建碉堡，妄图割断两个地区之间的联系。在考察团通过封锁线的那天夜里，八路军事先出动包围两侧的碉堡，他们数百人的队伍从中间穿过。正在这时，队伍的行动被敌人发现了，敌人从碉堡上用机枪扫射起来。据亲历者田零回忆：当时"我心情十分紧张。在跑过铁轨时连摔两跤，顾不得疼痛，沿一丈多深的封锁沟一滑而下，如同有神助似的，我们在沟墙中大家前拉后推，一拥而上，子弹嗖嗖地擦着耳边的高粱叶子飞过，我们弯着腰拼命奔跑"。一直到了冀中根据地界内，枪炮声远了，队伍方才停下来休整。大家大汗淋漓地躺卧在土路边，不一会儿就香甜地睡着了，高粱叶上的露珠一颗颗落到他们的脸颊、身上，和汗水交融在一起。

人民的大学
华北联合大学（1939—1948）

美术系同学作品展览

队伍安全到达冀中军区的腹地时，恰逢庆祝八一建军节的大会，田零就把背去的百十幅画张贴在红布上，挂在农村露天的会场旁边展览。战士、民兵、妇女群众排列着整齐的队伍参观。秦兆阳（当时在华北联大文艺部美术系任教员）画的讽刺汪精卫叛国投敌甘当日寇的儿皇帝的漫画，以及孙逊画的连环画《李铁牛》，引起了观众的极大兴趣。大家互相以画中人物形象比拟自己来开玩笑。冀中军区政委程子华、冀中区党委书记黄敬、新世纪剧社社长梁斌等在参观了展览后，高度评价了这次画展。

1946年下半年，蒋介石发动全面内战，大举进攻解放区。晋察冀边区的首府张家口被国民党军侵占了，田零随军转移到冀中束鹿。听说十一分区地委联络部把武强县民间年画的刻版、印刷工人组织起来制作新年画，他认为这是学习民间传统艺术的一个好机会，就请示领导，要求到那里工作。他先到冀中区文协，见到分别多年的老战友秦兆阳、孙犁等，同大家商及如何同心协力做好新年画的出版工作。田零从文协所在地肃宁去到辛集十一分区地委，又从辛集返回肃宁新华书店，运了一大车的印刷纸张。十一分区地委联络部部长王雅波对他说：万事俱备，只欠反映解放区群众革命斗争的画稿了。于是，田零又冒着大雪到束鹿华北联大文艺学院同江丰商量，请学院的画家们支援创作画稿。同志们都十分热情地突击创作：古元画了幅反映翻

联大漫画：中华儿女联合起来（抗战时期）

身农民学文化的作品《夫妻识字》，彦涵画了幅描绘英雄民兵开展地雷战、麻雀战、游击战的作品，莫朴画的是翻身农民敲锣打鼓欢送青年参军、保卫边区的热烈场面，田零画了幅《妻子送郎打老蒋》的年画稿，加上民间老艺人郝云甫画的白毛女、庆顶珠和小学老师张化民画的农家十二月生产节气以及农历图，共计八种。工友们不分昼夜地刻版、水印，在春节前印刷万份，由新华书店广泛发行，受到农民群众的欢迎。在华北解放区，利用群众喜闻乐见的民间形式出版新年画，这是一个空前的创举。蔡若虹在《晋察冀日报》上撰文《为新的农村着色》，对这项工作予以表扬。

联大文学院美术系为配合边区民主选举画的宣传漫画（部分）

联大美术系学生在互相观摩学习

　　穿越封锁线办画展，突击创作宣传画，可以说是根据地历史上前所未有的盛举，联大师生们以笔为枪，用自己的画作宣传革命。他们的作品不仅给边区美术工作者很大的鼓舞，也是对群众的一次生动教育。

3. 太行山麓的一簇小红花

　　提起儿童剧团，一张张天真、稚气、逗人喜爱的孩童脸庞，立即涌现在人们的脑海中。这些娃娃多半是太行山区和冀中平原上的孩子，当抗日烽火在家乡燃起，他们小小年纪，就以歌咏、舞蹈、演剧为武器，热情地为抗战服务，有时还拿起枪杆子，勇敢地与敌人战斗。他们个个聪明伶俐、活泼可爱，也颇有艺术才华，能够在口琴伴奏下，跳各种从红军时代流传下来的战斗性很强的舞蹈，也会跳当地民间的霸王鞭和秧歌舞；他们用童声合唱的抗日儿童歌曲也相当感人。由于他们具有战斗生活的体验，戏也演得很逼真。

华北联合大学文艺学院成立后不久，为了庆祝陈庄大捷，这些十二三岁的文艺雏燕也赶排出舞蹈、歌咏和话剧节目，随学校临时演出队去给前线部队演出。孩子们唱歌跳舞，给常年在紧张战斗中生活的抗日军民增添了不少的快乐，从战士到贺龙师长，都特别喜爱这些天真活泼的孩子。虽然演出的节目很粗浅，但每当帷幕拉开，满脸稚气的孩童以整齐的队列出现在台上，台下总是响起一阵阵热烈的掌声。贺老总时常在演出之后，走到后台来看望小演员，用他的大胡子亲昵地剌扎着孩子们的脸蛋，要他们再唱一个歌，再跳一次舞，还特地叫供给部送给孩子们每人一双从日军缴获来的毛袜和罐头等食品。

这些文艺雏燕崭露头角后，人们就议论说，孩子们唱歌跳舞，给长年都在紧张战斗中生活的抗日军民增添了许多乐趣，有一种说不出的魅力，就建议把孩子们单独组成一个演出队，为前线服务。

1940年炎夏的一天，成校长和沙可夫院长把文艺学院的姚远方叫到村东头的一棵槐树底下，商议成立儿童剧团的事。成校长语重心长地对他说："儿童是人民心中的一朵花。边区有成百万少年儿童，我们也要为孩子着想，把儿童歌咏、儿童戏剧、儿童文艺都要发展起来，你们文艺学院有几十个文艺少年，是一支不可小看的力量，是不是把他们组成一个儿童剧团？你来当一个孩子头吧！"沙可夫又把成校长的意思具体化，说："已经决定成立华北联大儿童剧团，方针是教育与演出并重，剧团领导还是找个青少年，就由你来担任剧团的团长，筹办两个月，就正式演出。"当时年仅十七八岁的姚远方有些担心地说道:"孩子们很调皮,有的年岁太小,还尿炕呢,我怕挑不起这副担子。"成校长鼓励他说:"你要鼓起勇气来干,再配备一些剧团导演、教员,只要你们搞好团结,事情就不难办好。"于是,"大孩子"姚远方就担任了儿童剧团的团长兼政指。

当时剧团条件艰苦,除汽灯和一些乐器是派人到敌占城市采购的或从敌人那里缴获的以外,服装、道具、幕布大部分都是自力更生、克服困难制作的。印象很深的是幕布的制作,剧团从供应部领来红布,一块一块拼成个大帷幕,这帷幕是蚊帐式的由两大幅幕布分别向左右拉开,右边绣着一颗红星,左边是个迎着红星腾起类似飞天姿态的女孩,下面绣着"儿童剧团"四个美术字。

1940年10月,儿童剧团正式成立那天,经成校长批准,买了一头猪,做了四道菜,请剧团的和特邀的演员以及帮助筹办剧团的所有同志来会餐。据姚远方回忆,红烧肉这道菜,还是崔嵬下伙房亲自做的,崔嵬不但戏演得好,做红烧肉也有点名气,为了酬谢他,会餐后,还盛了一茶缸红烧肉,给他带回去吃。

当天晚上,初冬的太行山飘起了雪花。剧团在校部搭起台子,举行首演。成校长、沙院长和全校教职学员都来观看演出。这天夜晚,风很大,由于管汽灯的小朋友尽心尽力,汽灯一直保持雪亮,使演出得以顺利进行。

成校长对孩子们关怀备至,有一次在张西帆陪同下,来到儿童剧团驻地,到伙房看剧团伙食办得怎样。他同有关部门商量后,决定给剧团每个孩子每天增加两分钱菜钱。成校长说:"我们生活再艰苦,也要照顾好孩子们的健康。"

到1942年,敌后抗日根据地的斗争愈加残酷,敌人的"扫荡""清剿"更加频繁。儿童剧团难以继续集体活动下去,就让孩子们一部分参加八路军,一部分到延安学习。至此,在艰苦的战争年代辗转战斗在敌人后方近三年的儿童剧团就结束了,她像是太行山麓的一簇小红花,一直留在晋察冀军民的记忆里。

第四篇
群星璀璨英名传

1. 老当益壮的于力院长

董鲁安（1896—1953），亦名于力。河北省宛平县人。抗日战争时期在燕京大学任国文系教授，以研究文学、佛学著称。他热爱祖国，思想进步，在课堂上经常发表抗日言论，与进步学生来往密切，并为中共地下党组织提供活动地点。1942年经地下党员帮助，经保定到满城进入晋察冀边区抗日民主根据地，更名于力，献身革命事业。历任华北联大教育学院院长、边区参议会副议长、华北人民政府委员兼监察院副院长、中国人民政治协商会议全国委员会委员、中央人民政府政务院人民监察委员会委员、华北行政委员会委员兼民政局局长等职。1953年8月20日逝世。同年10月21日，中共华北局根据董鲁安临终前申请参加中国共产党的要求，批准并追认他为中国共产党党员。

1942年10月，根据中共中央制定的精兵简政的政策，决定华北联合大学缩编，只保留教育学院。有师生员工400余人的教育学院在当时已属于建制独立的单位，但仍冠以华北联合大学的校名。这是因为它负有坚持办学、保存力量、待机发展的重大历史使命，准备在形势好转时再行复校。华北联合大学教育学院由中共晋察冀中央分局领导，校址设在河北省阜平县平房村一带，于力任院长。

于力，原名董鲁安。1942年的8月中旬，根据中共地下党组织的安排，于力以遁入空门为名离开了北平，闯过日伪封锁线，抵达晋察冀解放区，受到聂荣臻将军的欢迎。

被任命为华北联合大学教育学院院长后，于力以极大的热情投入了工作。对同学的学习，他全盘关心，诲而不倦。史地系的同学大多不通古文，但他们

人民的大学
华北联合大学（1939—1948）

要研究中国古代史，非多看古文参考书不可。于力便精心挑选经典史料作为教材，又亲自做了大量注释。他叮嘱学生："按部就班地学习，不要好高骛远。"本来枯燥艰深的古文史书，经过于院长深入浅出的讲解，变得生动有趣。同学们不仅产生了兴趣，还学会了批判领悟，有的同学甚至废寝忘食地钻进了浩如烟海的古书之中。

于院长对同学们的思想发展尤其重视。他经常讲青年的修养问题，教导同学怎样树立正确的革命观点，怎样及时纠正思想偏向。难得的是，于院长的讲课和谈话，总能在故事中蕴含深刻而具体的思想教育，同学们百听不厌，更深受启发。他说："同志之爱，超过家人父子，要把自己投到群众中，使自己做到师是大家的知己。打破小圈子，这样就没有苦恼永远快乐。"在他的领导下，教育学院的同学们亲密地团结着，快乐地生活着。

这位长胡须的老者，总给人们展现出慈祥的笑容。他对于年轻人是非常关心的，无时无刻不在牵挂着同学们的起居。寒暖天气变了，他总嘱咐："多加些衣服吧！不要冻着。"同学的身体稍不舒服，他就叮嘱："好好休息，不要累着！"一天夜里一位同学突然病了，不知怎么他得到消息，起床钟没打，他就拿着手杖来看望了。他的亲切，使同学们感到像在自己父母身旁一样的温暖。

五十多岁的于力院长有着火一般的革命热情。一年清明节，刮着漫天黄风，可是他拿着手杖毫不在意，迎着风尘走在最前面。他走遍每个烈士的坟前，带着同学作了深切的追悼。他说："这些烈士多数是共产党员，他

于力院长与晋察冀边区的孩子们

们为国家民族和敌人搏斗而牺牲了,但现在卖国贼蒋介石仍疯狂地屠杀中国人民,与人民为敌,我们为了中国人民,为了继承诸烈士未完成的事业,一定要消灭反动派打垮蒋介石。"他还说:"要做一个革命者,必须要有严格的修养,在平时律己要严,一丝不苟,在紧要关头才能临危不惧视死如归,为人民事业而成仁取义。"他沉痛激昂的话使同学们流下泪来。大家在他的激励下更加坚定了自己的革命人生观和打垮敌人的信心,一致地呼喊着"继承烈士的遗志,为中国的革命事业奋斗到底!"

虽是"投笔从戎",于院长在严酷的战斗间隙、在动荡不定的战争生活中,仍不忘以手中的笔和敌人作不懈的斗争。他每天早上 4 点钟就起床了,有时为写一篇文章或准备教案,晚上 11 点才睡觉。他对学习抓得很紧,在屋里不是读书就是看报。他充满豪情地说:"朝闻道,夕死可矣!"

1942 年 10 月,于力在《晋察冀日报》和《解放日报》上发表了长篇连载报告文学《人鬼杂居的北平市》。他以耳闻目睹的大量事实愤怒揭露日军和汉奸在北平犯下的滔天罪行,热情讴歌了北平人民爱国主义的英勇行为。这篇报告文学在根据地和国统区都引起了人民的强烈共鸣,荣获晋察冀边区"鲁迅文艺奖"。在与敌人展开激烈的游击战争期间,于力写下了大量诗篇,后来结集为《游击草》出版。他的精神永远是那样饱满,人们都称他是"老当益壮"。

2. 江隆基：革命度一生，教育树功业

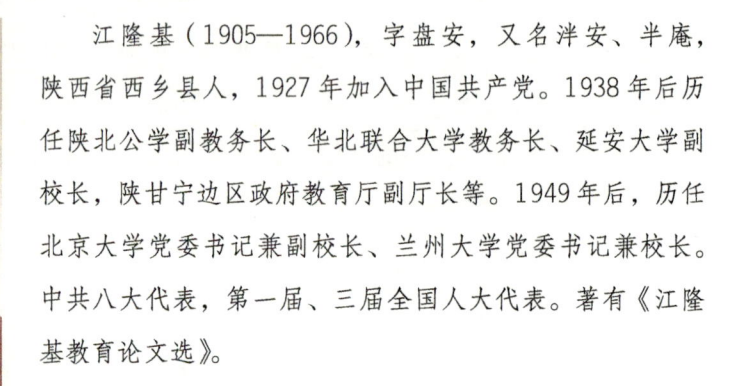

江隆基（1905—1966），字盘安，又名泮安、半庵，陕西省西乡县人，1927年加入中国共产党。1938年后历任陕北公学副教务长、华北联合大学教务长、延安大学副校长，陕甘宁边区政府教育厅副厅长等。1949年后，历任北京大学党委书记兼副校长、兰州大学党委书记兼校长。中共八大代表，第一届、三届全国人大代表。著有《江隆基教育论文选》。

1939年夏，中共中央决定将陕北公学、鲁迅艺术学院、安吴堡战时青年训练班、延安工人学校合并，成立华北联合大学，并开赴敌后抗日根据地。9月下旬，胜利到达晋察冀抗日根据地阜平县。历经两个多月的战斗行军，跨过千山万水，通过敌人的层层封锁，征途中是很艰苦的。当时的行军，江隆基也是领导成员之一，有时饭顾不上吃，觉顾不上睡。江隆基的马很少自己骑，多是让给病号骑，或者是给体弱的同志驮行李。在通过敌人封锁区的同蒲铁路强行军中，江隆基和成仿吾、张然和等领导站在铁轨旁边，一直等到同志们都安全通过后才离开。这大大鼓舞了同志们战胜强敌的信心和勇气。10月，华北联合大学在晋察冀边区开学，江隆基任教务长兼社会科学部部长。

新组成的华北联合大学处在抗日的最前线，是一所名副其实的"战火中的大学"。"战火"的环境给教学带来了难以想象的困难。面对恶劣的环境，学校提出了"背起背包行军，放下背包上课"的口号。江隆基遵循中共中央关于培养抗战干部的教育方针，坚持以民族解放和社会解放为目标的新民主主义教育，他专门给大家作报告，要求大家充分利用战斗的间隙进行教学，学会"战

斗化的生活，战斗化的工作，战斗化的学习"。江隆基十分重视这种特殊环境中的教学计划的制订。他认为，环境的特殊绝不是不要教学计划，没有教学计划，就没有教学。为了搞好这项工作，他深入到教员、学员和干部中，听取意见，多方商讨。在反复的实践中，制订了适应这种特殊环境的教学计划。这些教学计划为保障教员搞好教学和学员完成学习任务，发挥了重要作用。

在任教务长期间，江隆基十分重视贯彻党的知识分子政策。当时联大有不少有名的专家，如沙可夫、吕骥、崔嵬、李凡夫……还有从京津来的教授，所培养的青年教师，也多是京、津、沪等大城市来的知识分子。在成仿吾领导下，江隆基团结他们共同工作，充分地发挥了他们的才能，为提高教学质量做出很大的贡献。江隆基主张学校应以教学为中心，要提高教师的政治地位。主张教师不仅要教学，而且要进行学术研究。他还经常用毛泽东的一句话"教员是干部的干部"勉励大家，要求教员在不断提高业务水平的同时，也要注意提高政治思想觉悟。他组织全政治研究室围绕联共党史学习《列宁选集》，每次讨论会他都尽可能参加。他说："我忙于行政工作，没有工夫进行学术研究，来听听你们的学术讨论也有收获。研究室要有浓厚的学术空气，才会有进步"。1941年1月皖南事变后，晋察冀军区《抗敌月刊》向他约稿，要他写一篇《论中国大资产阶级的反动性》。他叫胡华起草文章，自己做了精心的修改，却署上胡华当时的笔名华维清，在《抗敌月刊》三月号发表了。他总是这样多方地培养青年人，认为尊师爱生应当成为我们革命大学的传统美德。在新民主主义教育思想的指引下，华北联合大学发起组织了"新哲学学会"和"新教育研究会"，江隆基是这两个学会的发起人之一。华北联合大学为抗日根据地和新中国成立后的各条战线培养了大批的骨干力量。

江隆基严于律己，诲人不倦，他对自己要求很严格，对同志十分热忱。陈琅环1939年当政治部宣传科科长，有一次征求江隆基对宣传工作的意见。江隆基说："你们登高一呼，动员群众响应党的号召的工作做得不错。"陈琅环

人民的大学
华北联合大学（1939—1948）

体会到他是在批评工作漂浮，上面布置什么工作就做什么，针对性不强。于是陈琅环一行人便深入到教职员工和学生中去，了解他们的思想状况，进行分析研究之后，有针对性地开展宣传工作。后来江隆基便表扬他们："你们宣传工作联系实际了。很好！"他的表扬给了陈琅环很大的鼓舞。在延安时，霍得元编了一套《高小算术》共四册。延安光复后霍得元重编了第四册，到西安去付印。付印前将书稿送给江隆基审阅签字。有同志见他工作很忙，就劝他随便翻翻，一本小学教科书也不会出什么问题。他很严肃地说："课本是要长期使用的，更应该慎重些。尤其封面上印了'西北教育部审定'，我们更应该严格把关。"后来他花了两三个晚上把书稿认真审查了一遍，才签字付印。

大概是1948年冬，江隆基正在新解放地区工作。有一期《西北教育通讯》（陕甘宁边区教育厅机关刊物）转载了陶行知在抗战初期的一段讲话，其中有称呼蒋介石委员长的客套话未予删去。他知道后立即命令刊物停止发行，已发出的要立即想法追回。他虽然很生气，但对当事人并未怎样责怪，而是自己承担责任，向上级作了检查。他说："不注意时间、地点，轻率地引用陶先生的讲话，这是政治性错误，而且也歪曲了陶先生的本意。"他这种勇于承担责任的作风，当时让同志们都很受感动。

江隆基工作和生活方面都很朴素。食堂给他加一些营养，他便批评管理员。他好几个冬天，都是穿从延安穿来的旧军大衣，给他发新大衣他便退回去。反"扫荡"中，他常把骡子让给病号骑，自己和大家一起步行。

打游击时他同大家一样拿着一个茶缸吃饭。1940年冬，他带领一行人打游击到山西盂县南部进圭社一带，当地群众生活艰苦，疫病流行。他号召大家节省小米来救济群众，一天只吃两顿小米粥。

1942年冬，因根据地缩小，经济困难，华北联大改编，只留一个教育学院，很多同志分配去做地方工作。江隆基也要离校到抗大附中去任校长，他亲自找决定留在教育学院任教的何戊双、胡华、师唯三等谈话，谆谆嘱咐要他们献身于党的教育事业。他说,他自己也是这个志愿。

　　江隆基的一生以塑造完美的人为教育理念,刚正不阿,不谋私利,心胸坦荡,表里如一,"望之俨然,即之也温"。

3. 人民的音乐家：冼星海

冼星海（1905—1945），原籍广东番禺，生于澳门一个贫苦船工家庭，中国近现代著名音乐家。他少年时代曾在岭南大学附中学小提琴，后来入北大音乐传习所、国立艺专音乐系学习。1940年去苏联学习、工作，不幸于1945年病逝于莫斯科。他在短暂的一生中，创作出了不少不朽名作，如脍炙人口的《黄河大合唱》和《生产大合唱》等作品，并写有交响曲《民族解放》《神圣之战》，管弦乐组曲《满江红》，管弦乐《中国狂想曲》以及小提琴曲《红麦子（郭治尔-比戴）》等。此外还写了《论中国音乐的民族形式》《聂耳——中国新兴音乐的创造者》等大量音乐论文。

"风在吼，马在叫，黄河在咆哮，黄河在咆哮……"

在陕西省延安市东北的桥儿沟，有天主教堂一座和窑洞数十孔，门口有一大石，上题"鲁迅艺术学院"，为1940年毛泽东亲笔题写。七十余载过去，游人不绝。漫步其内，不时有几段歌曲凌空激荡，使人热血沸腾，这就是在抗战时期被誉为"一曲大合唱，可顶十万毛瑟枪"的《黄河大合唱》。它诞生在延安鲁艺这片文艺沃土。其曲作者冼星海曾在这里开荒种田、教书授课。在延安的一年零六个月，时间虽短，却是他人生中最辉煌的时光。

冼星海1905年生于广东番禺，父亲早逝。他随母亲到东南亚，后回广东，做过打字员、工人、夜校教员和岭南大学音乐教员。21岁时，至北大音乐传习所，兼任北大图书馆助理员；1929年加入田汉的南国剧社；翌年，赴巴黎学小提琴，苦学六年，靠勤工俭学维持生计。1935年回国，他投身汹涌澎湃的国防音乐运动。1937年卢沟桥事变后，他加入上海救亡演剧第二队，辗转各地宣传抗日。翌年 11 月，奔赴延安，在鲁迅艺术学院任教。尽管他的待遇相当高（一月津贴 15 元），但当时条件艰苦，他白天要上山刨土，晚上还要提马灯到各单位教歌。

就是在这样的日子里，他遇见了光未然。1938 年 10 月，光未然带领抗敌演剧三队东渡黄河时，见黄水滔滔、船工大吼，极受震撼。次年 1 月，这位青年诗人因坠马而骨折住院，在病床上写出《黄河颂》，并在这年除夕联欢会上朗诵。黄河壶口瀑布的震撼、渡河时船工纤夫不屈的脊梁……伴随着朗诵声，一幅幅画面浮现在冼星海的脑海中，这正是他渴望创作的题材——中华民族的苦难、挣扎、奋斗，以及对自由幸福的追求和对胜利的信心。他催着光未然快写出来。

据《黄河大合唱》的首演指挥邬析零回忆，1939 年 3 月 1 日这天晚上，在西北旅社这间宽敞的窑洞里，月光掩映，34 岁的冼星海坐在窑洞靠门边的位置上。光未然坐在靠窗户的土炕椅子上，他手里拿着刚刚脱稿的《黄河大合唱》全部歌词，朗诵起来，窑洞里灯光摇曳，照亮了他手里的 400 多行词稿。所有人的心随着抑扬顿挫的诗句节奏而跳动，听完最后一句"向着全世界劳动的人民，发出战斗的警号"，全窑洞一片安静。顷刻，掌声响彻整个窑洞。掌声中，冼星海激动地站了起来，一把将词稿抓在手里："我有把握把它谱好！我一定及时为你们赶出来！"

冼星海一遍遍不厌其烦地请光未然和战友们向他描述黄河的壮观景象与渡河的惊险场面，请他们哼唱船工的号子，模仿纤夫的动作……他们向他边哼边解释，有时他忽然好像有所感悟，转过头去，拿起铅笔唰唰地在纸上记下好几个动机音型。在鲁艺简陋的窑洞里，土炕上支起一张小桌，正在感冒发烧的冼星海不眠不休，始终处于亢奋状态，他手握拳头一边唱一边写，不知不觉写出了 60 多页手稿，桌上堆成一个小山。创作达到忘我之境时，他竟情不自禁地把手中的烟斗敲断了。他把毛笔杆插在烟斗上，长长的烟斗就这样伴随着他继续创作。困了,就喝一口豆粉冲水的"土咖啡";饿了,就吞一撮白糖……在他盘腿坐在炕桌前激情创作的日子里,伴随着他的正是一撮撮抓放进嘴里融化的白糖、超长烟杆吐出的腾腾烟雾和"土咖啡"飘出的香味。

从3月26日到31日,六天六夜冼星海才思喷涌,如黄河一泻千里,谱就《黄河大合唱》的壮丽乐章。邬析零回忆:"3月31日,我从冼星海手中拿到《黄河大合唱》的全部清稿。手稿用白粉莲纸抄写,由冼星海夫妇手工装订成册,小16开本,册边整齐如刀切。打开看,字迹清晰秀丽,通本一字不涂、一字不改。"

1939年4月13日晚,《黄河大合唱》在延安陕北公学大礼堂首演,观众千人以上。这场杂用木鱼、煤油桶、搪瓷缸伴奏的演出,"台下发出狂热而持久的掌声",轰动延安。"从此在延安的各种集会上,《黄河大合唱》一演再演,合唱队由100人增加到500人。"据媒体公开报道,在庆祝鲁迅艺术学院成立一周年的晚会上,再演《黄河大合唱》,冼星海亲自指挥,毛泽东、刘少奇等出席观看。另据冼星海当天日记,毛泽东看完大喊了三声"好!"周恩来还为《黄河大合唱》亲笔题词:"为抗战发出怒吼,为大众谱出呼声!"

《黄河大合唱》的歌声响遍了全国,并被推上国际舞台,在苏联,在美国,成为推动世界反法西斯战争的战斗檄文和喧天鼙鼓。

1941年6月,苏德战争爆发。冼星海取道蒙古回国被阻,于颠沛流离中相继完成了《民族解放交响乐》("第一交响乐")、《神圣之战》("第二交响乐")、管弦乐组曲《满江红》、交响诗《阿曼该尔达》和以中国古诗为题材的独唱曲。因劳累和营养不良,他的肺病日趋严重,经李立三相助,1945年5月冼星海被送到莫斯科克里姆林宫医院抢救。10月30日,年仅40岁的音乐家画上了生命休止符。

冼星海是伟大的音乐家,又是民族解放的战士,从为艺术而艺术,到为祖国而艺术,到为革命而艺术,最后成为一名共产主义者——光荣的中国共产党员，他将个人的艺术道路与民族命运、人民愿望紧密联系在一起，把自己的非凡才华和毕生精力，毫无保留地献给党、献给人民、献给祖国。他的一生，是为追求光明、进步而顽强奋斗的一生，是为弘扬伟大的民族精神而不懈努力的一生，是为革命新音乐艺术奠定基础、开拓创新的一生，是闪烁着爱国主义精神光辉的一生。所以，毛泽东主席曾亲笔题词称赞他是"人民的音乐家"。

4. 周扬："殚精竭虑，追求真理"

周扬（1908—1989），原名周运宜，字起应。无产阶级革命家，作家，现代文艺理论家、文学翻译家、文艺活动家，中国科学院哲学社会科学学部委员。1927年入党，1928年毕业于上海大夏大学（今华东师范大学）。1930年回上海投身左翼文艺运动。1937年到延安，历任陕甘宁边区教育厅厅长、鲁迅艺术文学院副院长、延安大学校长等。中华人民共和国成立后，一直从事文化宣传方面的领导工作，历任中共中央宣传部副部长、文化部副部长等。

1937年秋天，周扬夫妇与艾思奇、周立波等12人来到延安。

周扬一家到延安以后，开始住在安塞。那时，这里还很荒凉，常有野兽出没。他们全家住在一个黑乎乎的窑洞里。生活条件是很差的，他们家最高级的"奢侈品"，大概就是从上海带来的那只柳条箱子了。周扬的女儿周密回忆说，她那时三四岁吧，柳条箱的盖子成了她的床，靠在大人们的床边。"每次我爬过大床躺到自己的'窝'里去，都感到这是世界上最舒适的地方。"那时的生活是紧张的、艰苦的。苏灵扬在抗大、党校学习，很少回家。周扬在教育厅工作繁忙，回来又要照顾幼女，做家务活，确实也够他受的。周密回忆说："那是冬天，爸爸在屋里生火，或因柴火湿或因灶难烧，也可能是技术不行，总之，搞得满屋是烟，满地是草木片。他自己头发上沾着几根草，眼睛熏得通红，几次叫我到院里去，可我赖着不走。后来，大概是屋里的火没有生着，他的肝火上升，一把把我抱出门外，我又坚决地跑进去，于是他把我提到院中间一条长凳上按住狠狠揍了几下屁股才算了事。我自小顽皮，脾气又倔，挨妈妈打是家常便饭。可爸爸这辈子只打过我这一次，我倒记得清清楚楚，成了我最早的回忆。"就是在这样黑黑的窑洞里，在昏暗的小油灯下，在夜深人静时常常可以听到远处传来阵阵的狼嗥声中，周扬写下了一篇又一篇闪光的文字。

在工作中，周扬积极地向党中央和毛泽东汇报了几年来上海文化界的情况，还不满三十岁的周扬受到毛泽东的信赖，被党中央委任为陕甘宁边区文化界救亡协会主任、陕甘宁边区教育厅厅长等职，负责边区的群众抗日救亡文化工作和教育工作，不久担任由毛泽东、周恩来倡议成立于延安的"鲁迅艺术学院"副院长职务。初至延安，周扬并不引人注目，甚或有些寂然——给他安排的职务是边区教育厅厅长，跟文艺无关，而且这是一个闲职。周扬在这位置上闲待了两年多，工作内容近乎于扫盲。其间，延安文艺事业已如火如荼开展，但却难见作为30年代左翼文艺的主要领导人周扬的身影。后来边区文协分支机构"陕甘宁边区文艺界抗敌联合会"成立时，才在执委会名单中出现周扬这个名字。周扬与文艺的关系重新得以承认是在1940年，他出任鲁迅艺术学院副院长，当时的院长是吴玉章。华君武说："周扬同志来后，我的印象是在艺术教学和实践上明显加强。"这种加强，就是正规化，是"大、洋、古"。文学系教学，突出俄苏经典文学，讲肖洛霍夫的《被开垦的处女地》、托尔斯泰的《安娜·卡列尼娜》；戏剧系的教学实践一直以排演大戏、洋戏为主；音乐系推出大型、近代化、学院式创作《黄河大合唱》；美术系强调素描、开始使用人体模特；鲁艺的图书馆，则是延安最齐全最专业的，中外名著藏书渐积至"四五万册"之多。

鲁艺学生程远回忆，鲁艺内的"学术空气"是很浓的。"大家有不同意见，都是坦诚相见，过后仍友好相处"。他认为"这与周扬同志办学的民主作风有关系"。1942年4月，距历史性的"延安文艺座谈会"召开仅仅一个月，周扬于鲁艺成立四周年之际，仍然申明他的教育方针：鲁艺的使命，是培养文学艺术的专门人才——"有某种技术专长及具有历史知识与艺术理论修养的人才"；教育精神为学术自由——"各学派学者专家均可在院内自由讲学，并进行各种实际艺术活动"。

周扬没有觉出他的办学方向有"错误"。这就是毛泽东批评的"关门提高"。普及与提高的关系是《讲话》重点之一。毛泽东说:"有些同志,在过去,是相当地或是严重地轻视了和忽视了普及,他们不适当地太强调了提高。"这句话主要就是针对鲁艺和周扬。

1942年9月,周扬在《解放日报》发表长文《艺术教育的改造问题——鲁艺学风总结报告之理论部分:对鲁艺教育的一个检讨和自我批评》,正式和全面否定鲁艺以往的工作,承认所犯错误主要有:搞专门化、正规化,脱离实际,关门提高,对现实主义理解是片面的、非历史主义的。这是第一步。

幡然猛醒的周扬,迅速改造鲁艺。鲁艺最早发掘秧歌这种民间形式,并找到以革命意识形态对它加以改造的成功之路。1943年春节,鲁艺秧歌队百余人连续在杨家岭、中央党校、文化沟联防司令部等处表演,推出经典的《兄妹开荒》,毛泽东看后认为很好,连连点头:"这还像个为工农兵服务的样子!"

三部曲之后,周扬又成功领导和组织创作《白毛女》,成功树立赵树理为延安文学典范(提出"赵树理方向"),进一步向毛泽东文艺话语体系的主要代言人地位逼近。延安,对中国革命是一个转折,对周扬个人也是。

1943年春节期间,鲁艺排演的《兄妹开荒》等,是一种融戏剧、音乐、舞蹈于一体的新秧歌剧。对群众在文化上的创造,周扬不仅重视,而且满腔热情地歌颂与扶持。次年,他又先后发表《开展群众新文艺运动》《论秧歌》等文,并组织编选了《中国人民文艺丛书》。1943年底,他亲自写了一篇报道式的文章,向大家介绍一位不识字的劳动诗人——孙万福。他把孙万福带有丰富色彩、带有诗的结构和风格的言语,一字一句记下来,写成了五首真正庄稼汉的诗。最后他为孙万福祝福,祝福他第一在粮食上,第二也在诗上有更好的收成。

同年秋,周扬鉴于鲁艺的同学没有参加文艺座谈会,便邀请毛泽东给大家讲课。那天，毛主席穿了一身灰布军衣——裤腿膝盖处打了两块补钉，到鲁艺篮球场给全体师生员工讲课。毛泽东号召大家：从小鲁艺走向大鲁艺，走向社会。他一边幽默地讲，一边做着动作："把屁股从资产阶级那边坐到工农兵方面来"。1943年，周扬任延安大学校长兼延安大学鲁迅文艺学院院长，按照党中央的决定，要将该院办成中国革命培养一批高级文艺干部的学院。他遂将延安著名作家、艺术家聘为鲁艺学院的教授、副教授、讲师。例如鲁艺文学系的教授、讲师就有艾青、萧军、高长虹、何其芳、陈荒煤、舒群、周立波、公木、欧阳凡海、严文井、李又然；萧三、丁玲、艾思奇等人被聘请为校外教授。鲁艺的大部分学员解放后脱颖而出，成为党和国家的作家、音乐家、戏剧家、美术家、表演艺术家、新闻骨干、文化行政管理干部。在此期间，周扬还组织编写了《马克思主义与文艺》一书，1944年5月由解放社出版。短短几年中，此书由不同出版社多次再版，成为革命文艺工作者随身携带的工作"指南"。周扬为该书写了长篇序言，全面阐述了马克思主义文艺理论的基本原理和毛泽东文艺思想。

  在回顾革命文艺兴起和中国革命文艺的发展历程后，周扬一针见血地指出："无产阶级文艺家应当歌颂无产阶级和劳动人民。这是一个伟大然而困难的任务。我们文艺工作者一方面没有和群众紧密相结合，他不懂得、不熟悉群众；另一方面又没有完全摆脱过去文学的陈旧传统，他们比较地习惯擅长于揭露旧现实的缺陷，而还不善于歌颂新时代的光明。"正如他所写的："新民主主义的伟大时代也应当产生它的伟大的作品，而且我相信，只要有了正确的方向和坚持的努力，一定会产生伟大的作品……"在无产阶级革命文艺的前进大道上，周扬这样希望着，自己也这样努力实践着。

5. 吕骥：音乐为了人民

吕骥（1909—2002），原名展青，曾用笔名穆华、霍士奇、唯策等。湖南湘潭人，中国革命音乐的先驱，杰出的人民音乐家，新中国音乐事业的奠基人。主要作品有《自由神》《新编九一八小调》《抗日军政大学校歌》《陕北公学校歌》《凤凰涅槃》《祖国颂》等。

"努力，努力，争取国防教育的模范。努力，努力，锻炼成抗战的骨干。我们忠实于民族解放事业，我们献身于新社会的建设，昂头看那边，胜利就在前面！"在寒冬的飘雪中，陕北公学传来阵阵高亢的歌声。这是由毛泽东亲自审定的《陕北公学校歌》，词作者为陕北公学校长成仿吾，曲作者为陕北公学教员吕骥。

1935年，吕骥加入中国共产党，两年后辗转奔赴延安。

巍巍宝塔，革命圣地。

彼时，延安是全国进步青年心中的向往之地，吕骥也不例外。从五台山前线返回太原后，他向八路军驻晋办事处主任彭雪枫提出申请，请求前往延安。当时的延安也迫切需要像吕骥这样的革命音乐人才，他的申请很快得到批准。

在一位经验丰富的联络员的带领下，吕骥一行人历经太原、临汾、吉县、秋林，沿途乘船、乘车、步行，终于跋涉至延安。这片贫瘠却又充满力量的土地，用自己特有的漫漫黄沙、排排窑洞和穿梭其间的革命志士，迎接第一位专业音乐工作者的到来。

成仿吾见学校迎来了一位大音乐家，便请他为已作好词的《陕北公学校歌》谱曲。

《陕北公学校歌》的歌词表现了一群来自五湖四海的爱国青年为救亡图存

而努力奋斗、为民族解放而甘于牺牲的豪情壮志。因此，吕骥采用了进行曲体裁谱曲创作，结构工整、节奏鲜明、旋律铿锵并且富有号召力，抒发出深沉而坚定的感情。为了配合歌词中较长的句子，吕骥采用了宽广、舒缓的旋律予以配合。而到"忠诚、团结、紧张、活泼"的校风及"努力，努力"的决心时，力量增强、音高提升，构成了全曲的高潮。

经吕骥之手创作的校歌，打破了校歌原本的内容和演唱者局限，体现了群众思想与生活的艺术特征，既充满艺术表现力，又承载了时代精神，引发了广泛的共鸣，为波澜壮阔的抗日救亡歌咏运动增添了新鲜的血液。

《陕北公学校歌》迅速在陕公"走红"。开学典礼当天，陕北公学热闹非凡。夜晚，在深邃的天空下，在窑洞前的广场上，在摇曳的煤油灯旁，学员们有的坐在小板凳上，有的坐在石头上，一起放声高歌，最先唱的是《陕北公学校歌》，指挥便是吕骥。他的投入和亢奋感染了在场的一千多位学员。跟随着他的手势，大家的情绪也愈发高涨，嘹亮的歌声唱出了他们为民族解放奋斗到底、甘愿牺牲的决心。

吕骥住在学校后面山上的一孔土窑洞里，艰苦的环境不能阻挡他创作的热情，革命斗争不断发展的势头令他心潮澎湃。在简陋的屋舍里、微弱的灯光下，他用一个个音符创作出了一首首脍炙人口的抗日救亡歌曲。在他的住处左边是成仿吾居住的窑洞。文学家出身的成仿吾总是喜欢到吕骥的窑洞里坐坐，和他聊聊音乐和作曲。吕骥为成仿吾写的词谱曲，成仿吾为吕骥写的曲填词，文学家和音乐家的组合碰撞出许多经典的曲目。

陕北公学艰苦的条件没有打击师生们的革命乐观主义精神，他们轰轰烈烈地开展起了革命歌咏活动，吕骥、冼星海、郑律成等作曲家组成了阵容强大的"导师团"进行指导。紧张的学习生活之余，学员们以班为单位（七八个人）散布在学校四周，有的提着马扎坐在屋角旁，有的蹲坐在地上，还有的奔上了山腰的峻峭石壁，他们聚在一起除了讨论理论和实践问题，就是在一起练习吕骥新编的歌曲。

陕北公学有一个十分"文艺"的传统：每次开会和上课前，大家先互相拉歌，"欢迎×队来唱歌"。吕骥担任总指挥，带领大家风风火火地"唱起来"，他自己谱曲的《陕北公学校歌》和《毕业上前线》总是拉歌比赛的"保留节目"。

《毕业上前线》也是由成仿吾和吕骥这对"黄金组合"创作的，并一直传唱至今。

"这是时候了，同学们！该我们走上前线！我们没有什么挂牵，纵或有点儿留恋。学问总不易求得完全，要在工作中去锻炼。国难已经逼到了眉睫，谁有心意长期钻研？我们要去打击侵略者，怕什么千难万险！我们的血已沸腾了，不除日寇不回来相见！快跟上来吧，我们手牵手，去同我们的敌人血战！别了，别了，同学们，我们再见在前线；别了，别了，同学们，我们再见在前线！"

吕骥创作的旋律和节奏鲜明地体现了毕业学员的两种情感碰撞：开头与结尾前的部分雄壮、有力，展现了陕北公学学子作为革命斗士保家卫国、勇于牺牲的坚定信念；中间部分舒缓、绵延，则表达了学员们对学习知识的渴望与残忍现实逼迫下的不舍；结尾部分的宽广将两种情感进行了综合，抒发出一种"留恋的决绝"。

当波澜起伏的旋律写完，吕骥放下手中的笔，在他的眼前，那一群朝夕相伴的年轻人，稚嫩的脸庞扬着笑、流着泪，挥手告别、互送祝福，在悲壮时代的裹挟下，从黄土高原出发，走向了生死未知的前路……

在《中国新音乐的展望》一文中，吕骥写道："如果新音乐（尤其是国防音乐）不能走进工农群众中去，就决不能成为解放他们的武器，也决不能使他们成为民族解放运动的主要力量。可是国防音乐决不会自己走进他们生活中去，这就需要很多传播的人和传播的歌唱队……这必须每个不愿做亡国奴的，能够唱歌，有组织能力的人都来参加这工作，才能保证最后的胜利。"

吕骥的实际行动是对自己观点的最佳诠释。他来到延安，是一种政治行为与艺术行为的结合。他深入实践、深入革命群众队伍来进行艺术创作和传播，借助国防音乐的力量，唤醒民众、激励民众、组织民众，以高昂的革命热情投入到争取民族独立和解放的斗争中。

根据上级安排，他先后参与了鲁迅艺术学院、华北联合大学、东北音乐工作团的筹建工作，为民族解放事业培养了一大批革命的艺术人才。解放后，他主持了中央音乐学院与中国音乐家协会的领导工作，在团结民间音乐的人才、收集整理古代音乐遗产（特别是古琴音乐）和各地民间音乐遗产、研究有关中国古代和近现代音乐史等方面成果丰硕。这位"人民音乐家"一生都在为中国的音乐事业开疆拓土。

在音乐创作方面，他与聂耳、冼星海等革命音乐家一道，形成了中国旗帜鲜明的革命音乐的优良传统；在音乐教育方面，他在中央音乐学院初步建立了中西兼备、专业较全，教学、科研、实践相结合的新型音乐教育体系，为中国特色的现代音乐教育体制奠定了基石；作为音乐理论家，他的理论研究涉及了社会音乐生活、音乐功能、音乐创作、音乐表演、民族音乐、音乐美学、音乐史等多个领域，留下了许多有学术价值的理论研究。

"音乐创作应该歌颂人民的斗争和胜利，歌唱人民的欢乐和困难，歌唱人民的希望和未来。而音乐理论则应该研究音乐与人民、时代的关系，为人民的当前利益思考，为人民的美好未来而思考。"吕骥的女儿吕英亮一直记着父亲的教导。

吕骥用一生践行了"音乐为了人民"的宗旨：在革命时期，他创作的歌曲激励无数中华儿女为民族解放而斗争；在和平时期，他在音乐教育上的勤恳耕耘和音乐理论上的执着探求为新中国的音乐事业奠定了基础。他是真正的"人民音乐家"，他用音乐发出时代的呼声，用音乐传递民族的精神。

人民的大学
华北联合大学（1939—1948）

6. 艾青："太阳的使者"

艾青（1910—1996），原名蒋正涵，号海澄，浙江金华人，现代文学家、诗人。1928年中学毕业后考入国立杭州西湖艺术院。1933年第一次用笔名发表长诗《大堰河——我的保姆》。1932年在上海加入中国左翼美术家联盟，从事革命文艺活动。1935年，出版了第一本诗集《大堰河》。1941年赴延安，任《诗刊》主编。抗战胜利后任华北联合大学文艺学院副院长。中华人民共和国成立后，艾青担任《人民文学》副主编、全国文联委员等职。1979年后，任中国作家协会副主席、国际笔会中心副会长等职。1985年获法国文学艺术最高勋章。

艾青本姓蒋，名海澄。之所以取"艾"姓，因为他对同样来自浙江的蒋氏家族十分反感，加上浙江还出了一个蒋介石，因而气不打一处来。一怒之下，就在"蒋"字的草头下打了一个"×"，这就成了"艾"字了。

1941年，几经周折的艾青一行先后经过国民党四十七道岗哨的检查，终于来到了延安这片象征着光明的土地。艾青没有带介绍信，但周恩来的电报早到了。边境上立即报告延安："文化人艾青等五位同志来了。"延安回电："武装护送。"艾青进了自己的家——在兰家坪分配给他的两孔窑洞。有了安身之床，扫除了多年来东奔西波的枵腹。有一天，艾青在窑洞里挖洞钉板，想自制一个茶几供写作用。彭真走了进来，亲切地说："你自己挖干什么？我手下有一连人，帮你干。"艾青执意不让，坚持要自己动手。

不久，周恩来从重庆回延安，又是开会作报告，又是组织学习，忙得很。但他关心着艾青，一次作完报告在食堂吃饭，把艾青拉到同桌问长问短。同桌的共有四人，其中一人谈起了文学问题："中国小说是有头有尾，外国小说是拦腰劈断！"艾青听了，很为这个人的见解所折服。周恩来向艾青介绍说："你不认识？这是陈毅军长。"这是艾青第一次认识久仰的陈毅。

艾青被安排在陕甘宁边区文化协会工作，被选为理事。不久，艾青还被志丹县的群众选为参议员，参加了陕甘宁边区的参议会。在这次参议会上，毛泽东作了重要讲演。艾青清楚地记得，当毛泽东讲到边区的任务时，用的是有力的手势、果断的语言："我们除了打倒日本帝国主义外，还有没有其他目的呢？没有了！"艾青当时就想：毛泽东讲话真是很厉害，很集中，概括力很强。毛泽东之伟大，就在善于抓住事物的主要矛盾，是一位通晓辩证法的革命家。"

于是，艾青对毛泽东说："您真会说话。"

毛泽东回答说："我讲话老出毛病，后来知道了，就抓住要点，其他地方就不要紧了。"

就在这次参议会上，艾青写成了题为《毛泽东》的诗篇：

> 他生根于古老而庞大的中国，
> 把历史的重载驮在自己的身上；
> 他的脸常覆盖着忧愁，
> 眼瞳里映着人民的苦难；
> ……………
> 他不断地思考，不断地概括，
> 一手推开仇敌，一手包进更多地朋友；
> "集中"是他的天才的战略——
> 把最大的力量压向最大的敌人……

人民的大学
华北联合大学（1939—1948）

艾青在延安的生活虽然忙碌，但很充实喜悦。艾青的长女，1942年4月在延安文艺座谈会召开的前夕，出生在延安的窑洞里。她曾回忆道：当时，延安的生活条件很困难，爸爸虽然忙于工作和学习，但还经常抽暇照顾我，亲手给我换尿布，哄我入睡，在延河水中为我洗衣服。因为环境艰难，断奶后没有牛奶喝，我患营养性腹泻，爸爸疼爱我，特意生了一个木炭炉子为我熬稀饭，还亲自喂我吃。后来，他又用仅有的一点津贴为我买了一头山羊，喂我吃羊奶，才使我的身体渐渐强壮起来。当然喂养一头山羊很费劲，为了我，爸爸总是兴致勃勃地忙碌着。不料，一天傍晚，爸爸忙碌之余忽然记起还没有喂山羊，便急忙到山坡上去寻找，可是，它已经不见了。跑到哪里去了呢？爸爸急得满头大汗，满山遍野地找，一直到太阳落山，也没找到，他才失望地回家了。

艾青虽说出身于农村，又有过大堰河这样的乳妈，但是自己挖土，自己播种，自己收获，这却只是在延安领略到的。在日后的回忆中，他笑眯眯地说："我搞了点小生产。"他住的窑洞门前的菜地里，结满了西红柿，还有茄子、包心菜、辣椒、玉米。煮熟的老玉米趁热吃，是格外香的。

艾青到底是诗人，在那样的战争年代里，也总会流露出一点文人的雅兴：他自己栽种、培育的波斯菊，也不失时令地开放了。花朵是各种颜色的，有紫、有红、有白，摇曳着，微笑着。但是战争还是迫近了。延安时代的田园生活，是在大战前夕赢得的，也是为战争服务的。艾青从来没有想过要做陶渊明。他的心飞到了与胡宗南刀枪相对的前方，他渴望着到战士中间去，在战壕里写颂扬这些战士的诗，写战争的艰难与希望。自然，他也准备着学扔手榴弹。

艾青给毛主席写了一封信，表达了自己希望到前线去的愿望。

在一张雪白的信笺上，毛主席用铅笔给艾青写了回信：

艾青同志：

　　来信收到，赞成你去晋西北，但不宜走得太远，因同蒲铁路不好过，目前这个阶段，希望你顿（蹲）在延安学习一下马列，主要是历史唯物论，然后到前方，切实研究一下农村阶级关系，不然对中国状况总是不很明晰的。不知你意如何？顺致敬礼，待天晴我再约你面谈。

毛泽东

几天以后，毛主席登门来看艾青。

毛主席披着一件棉服，一大把棉花已经从破了的右袖里露了出来。头上戴的是一顶旧时的红军军帽。

毛主席进门时，艾青正抱着出生不久的小女儿，在逗着她玩儿。毛主席俯下身，高兴地看着孩子，然后询问艾青的生活情况。他还是说服了艾青，先留在延安学点马列，然后再去前线。艾青留在中央党校，一边学习，一边参加整风。

1943年春节过后，艾青深入吴家枣园进行农村调查，到劳动英雄吴满有家同吃同住，创作了叙事长诗《吴满有》，并一字一句地念给吴满有听，征求他的意见。该诗在《新华日报》发表后，起到了激励许多大后方的青年向往延安，宣传共产党边区经济建设的作用。

此后不久，艾青又和木刻画家古元等人一起，随运盐队骑骆驼深入到陕北的定边、安边、靖边（三边）地区考察民间艺术。在那里，艾青看到了许多精美的民间窗花剪纸，从中吸取了艺术营养。艾青在《窗花剪纸》一文中，记录了三边考察的情景。

艾青不仅到农村考察，还深入部队慰问。1943年3月中旬，艾青与萧三等人率领陕甘宁边区文化界慰问团来到八路军三五九旅劳军。

三五九旅驻地在南泥湾和金盆湾。旅长王震是位能征善战的名将。在那里，艾青创作了《拥护自己的军队——献给三五九旅》一诗。诗中热情歌颂了三五九旅创造财富，打击敌人，英勇善战，保卫边区的功勋，歌颂了人民军队为人民的优良传统和艰苦奋斗的作风。"劳军团欢迎会"上,艾青亲自登台,高声朗诵了他的这一诗篇。艾青朗诵后,王震等人走上舞台,和艾青等人热烈握手。这是艾青和王震第一次见面,从此,诗人和将军结下了真挚的友谊。

艾青深入生活,努力创作,深受群众的好评。1945年1月13日,经中央党校推荐,艾青被评为边区甲等模范工作者。

这以后,艾青就去鲁迅艺术学院任教,1945年上半年,他被任命为该院的文学系主任。1946年,华北文工团并入华北联合大学,艾青先任下面的文艺学院院长,后来组织上为了充实领导,又派沙可夫任院长,艾青改任副院长。不久,人民解放战争爆发,艾青坚信党的领导一定会使时局转危为安,他写道:

凡是跟随你的,
都不会走错道路,
不会跌倒;
凡是朝向你的
都披满阳光,
不再蒙受耻辱。

7. 何洛与《安娜·卡列尼娜》的奇缘

何洛（1911—1992），重庆丰都人，笔名何鸣心，著名文艺理论家和文艺教育家。1932年加入中国共产党，1933年因叛徒出卖入狱五年，1937年经组织营救出狱，到延安中央党校学习。1938年调马列学院编辑部任日文组组长，后入鲁迅艺术学院负责党总支工作。1939年到晋察冀边区，历任华北联合大学文艺学院文学系主任、华北大学二部二分部主任、晋察冀边区文协执行委员。在晋察冀边区发表《易卜生在中国》等多篇学术论文，还创作独幕剧《接皇军》配合抗日锄奸工作。何洛参与创建了中国人民大学文学研究班，并于1960年秋出任中文系主任。

1941年，华北联大文艺学院从晋察冀抗日根据地平山县迁往唐县。进入唐县境内，过军城便到了革公，这里原是白求恩医护学校所在地。几经周折，他们驻扎在夏庄。夏庄村北有一个一亩来大的林子，杨柳榆槐遮天蔽日，树下是浅浅的尺把宽的小溪，清水汩汩欢唱着，小鸟儿喳喳欢叫着。这里就是文艺学院的大课堂。学生们常坐在树下，沉浸在阅读托尔斯泰的巨著《安娜·卡列尼娜》的欢乐中。

这一部《安娜·卡列尼娜》是文学系主任何洛从延安通过一层层封锁线，赶着毛驴驮过来的。千里迢迢，轻装再轻装，宁肯丢掉一双鞋子打赤脚行军，书不能丢。1941年秋季反"扫荡"时，何洛和章文龙等因病坚壁在平山县张家川。一天，"扫荡"的敌人包围了张家川。他们在村外山沟沟里，听到敌人的炮声、枪声，赶忙往山上跑。刚爬上山头，敌人就端着枪、弯着腰从后面追上来了。大家直往前跑，前方左左右右都是峭壁悬崖，不少同志直往右边山崖跳了下去。此时，何洛提着自己背包里的《安娜·卡列尼娜》，心想：从延安到晋察冀，这本书已经走过了五千里，现在绝对不能让它落在敌人手里。他急忙往前奔，面前出现几块石头，于是急中生智弯腰把书藏在石头底下，看看左前方的山崖，纵身跳了下去。幸而下面是一块小小的梯田，接住了何洛，他脚被扭伤，手被碰破，身体没有大伤。由于《安娜·卡列尼娜》是埋藏安置的，竟然逃出了敌人的包围圈。又过两天，敌人被我军民反击，慌忙逃走。何洛又爬上山顶，从石头下把《安娜·卡列尼娜》"请"了回来。是何洛救了书？还是书救了何洛？后来，文学系同志们阅读这部书的时候，更觉书的宝贵，常庆幸地说："何洛和《安娜·卡列尼娜》有一段奇缘呵！"

8. 宋涛边区教书育人

宋涛（1914—2011），安徽利辛人，原名侯锡九，新中国马克思主义政治经济学重要奠基人，我国卓越的经济学家、杰出的教育家，中国人民大学一级教授。1939年春奔赴延安进入陕北公学，当年7月随陕北公学并入华北联合大学学习。1940年毕业后到晋察冀边区四中任教，1944年8月随晋察冀边区中学并入华北联大教育学院。1947年华北联大成立经济系，宋涛任系主任。

经过三千里"小长征"，华北联大师生安顿下来不久就开始上课。当时的老师、干部全都和同学们同甘共苦，一起在大食堂吃饭。他们不仅在业务课上有精深的造诣，还有非常良好的品德作风，大家在一起都没有什么思想顾虑，精神上感到非常轻松。

1940年3月，反"扫荡"胜利结束。队伍集中后，学校宣布学生毕业并分配工作。宋涛和另外十多个同志被分配到晋察冀边区四中开始教书生涯，当时的边区中学是为提高边区干部和青年的文化理论知识、培养革命干部而办的。宋涛上的第一门课是统一战线，而此时宋涛还不是党员。1942年学校搬到唐梅村的时候，组织上认可了宋涛的工作和申请，批准他成为中国共产党党员。

在边区四中，教书育人开始成为宋涛最重要的任务，这也是他一直以来的愿望。他说，作为教员，自己首先要把要讲授的每个学术问题研究得深入，自己若是一知半解，对不起学生，误人误己，因此当教员必须有真才实学，真知灼见。宋涛一面学习一面教，当时没有现成教材，就自编讲义，由刻蜡版的同志油印后发给学生。由于打游击和敌人"扫荡"，油印的讲稿有时没法带走，就埋在地下，一下雨，讲义被泡成一团，字也看不清了，有的就和泥巴粘在一起分不开了，所以解放以前宋涛写作的讲稿等著作都没能留下。

因为缺乏教师，宋涛在边区中学陆续教过的课程有边区建设、社会发展史、生物、化学、中国历史、世界历史、政治课等。在打游击的时候，他即使跑到山里面也想尽办法给学生们上课，自己也努力抓紧一切时间读书、思考问题，从不懈怠。后来，他除了当班主任和教书外，还给学生每周作一次抗战形势的报告，来增强大家对抗战胜利的信心和勇气。在生活上他也尽可能地照顾学生，甚至负责给他们看病。因为在唐县边区四中的时候，白求恩医学院离得很近，除了教书备课外，宋涛还经常挤出时间去白求恩医学院听课，学了一些简单的医术，来为学生们治病。

宋涛的教师生涯从边区中学的讲台上开始，后来他一直在华北大学、中国人民大学执教，成为经济学界的泰斗。

9. 胡华初登讲坛

胡华（1921—1987），浙江奉化人，原名胡家骅，1937年考入浙江省立高等师范。曾主办《战时大众公报》。1938年入陕北公学学习。1939年加入中国共产党。毕业后留校任教，后任华北联合大学、华北大学史地系副主任，讲授中共党史。曾参加晋察冀边区参议会，并任张家口市总工会执行委员、宣传部部长。1949年后，任中国人民大学教授兼中共党史系主任和名誉主任，中国史学会常务理事、国务院史学会及党史人物研究会副会长。主编有《中共党史人物传》《中国大百科全书·社会主义在中国》《中国新民主义革命史》等。另有《胡华文集》出版。

在华北联大行军过程中，胡华从干部队分配到了社会科学部。部长是党内资深的社会科学家和教育家江隆基，副部长是胡华在陕公就学时就十分敬仰的老师、马克思主义历史学家何干之。社会科学部设立了政治理论研究室，胡华被分配做研究员，属于最年轻的理论战士，按供给制，每月津贴标准为边币3元5角。江隆基对胡华和当时一起分配在研究室的宋士达（宋振庭）、汪志天（项子明）、李滔等人讲："你们从陕公毕业选留下来，是马列主义理论队伍中的新生力量，任重而道远，希望你们都要有很深的造诣。"

开学典礼后，晋察冀军区发出紧急通知，命令华北联大向平山、五台一代转移。在被敌人"扫荡"的恶劣环境中，胡华还随身携带着一部马克思的《资本论》第三卷，这是江隆基主任交给他的学习任务。这部书是江隆基从延安带出来的，已经被圈点研读多遍。江隆基对胡华说："不懂得资本主义的发展史，就不懂得近代史，要硬着头皮啃《资本论》，一定挤出时间来学习，坚持读下去。"战火硝烟、风餐露宿，青年胡华就是这样在探求马克思主义的原理。在反"扫荡"战争中，同敌人转山头的间隙，胡华还如饥似渴地研读了《御批通鉴辑览》《通鉴纪事本末》《世界史纲》等中外史书。他说："我的一点中国通史知识，就是那个时期开始学到的。"

1940年4月1日，华北联大第二期学员正式上课。全校普遍开设了政治理论课。为学习毛泽东1月发表的《新民主主义论》，胡华受命在华北联大社会科学部和工人部担任"中国近代革命运动史"教员。从此他登上了大学讲台，开始了近半个世纪的教育生涯。

胡华把长途跋涉从陕公背到晋察冀敌后的教材——洛甫（张闻天）主编的《中国现代革命运动史》整理出来，作为备课的基本依据。成仿吾、江隆基、何干之为胡华走上讲台，给予了细心的鼓励和支持。胡华后来回忆："当时我只是一个十九岁的小青年，怎敢在大学讲台上讲课呢？何干之平时说话有些口吃，他鼓励我说：'你，你，放大胆，我帮，帮助你。前方干部没学过这些，他们爱听的。'他把用他骑的毛驴从陕北通过一层层封锁线驮过来的两箱子书中有关中国革命问题的书，大部分借给了我。其中有几本书，封皮上有'毛泽东'三个字的毛笔签名。干之同志说，这是毛主席的书，是主席送给他的。在抗日烽火燃遍大地的前方，我能得到这些书籍，是何等的珍贵！成仿吾校长又亲自从他带到前方的书箱中拣出两本书给了我，一本是《中国问题提纲》，一本是《中国苏维埃运动史提纲》。这样，我就觉得这门课较有把握了。"

1942年，华北联合大学缩编成教育学院后，分为三个系：教育、国文、史地。院长于力（董鲁安）原是燕京大学的教授，对文字学很有研究，他讲的"国文发凡"很受欢迎。副院长兼教育系主任丁浩川是一位很有造诣的教育学家，曾任陕甘宁边区的教育厅厅长，主要讲"教育概论"。史地系讲自然地理的孙敬之老师，是北大地理系毕业的，他经常带着学生夜观星象，并教同学们做地理模型，深受大家喜欢。在那样的艰苦环境中，能够听到这么多课，已是莫大的享受了。但是，史地系学生总是想着，要是能够有一位讲中国近代历史的老师来给他们讲课就更好了。

忽然有一天，村里出现了一位白面书生，像是一位年轻老师。同学们纷纷议论这是什么人？很快，他们就知道了，这是学校给史地系学生派来的胡华。他给学生讲"中国近代革命史运动"，史料翔实，语言生动，头一堂课就给大家带来很好的印象。那时学生们虽然席地而坐，膝盖就是书桌，但仍然不停地记笔记。

胡华教导同学们，"中国近代史应该是一门以马列主义立场、观点和方法武装起来的谨严的科学，一门具有党性的科学，一门具有尖锐的理论斗争意义的科学"，它"与现实的政治斗争密切结合着"。因此，他特别强调，论要从史出，史论结合；学习党史，最重要的是从党的历史发展过程中，学习领导革命的理论，总结出经验教训，更好地为革命斗争服务。胡华的学生刘经宇在翻到当年的一本学习笔记和胡华对讲授中国近代史的一些论述后，颇有感触。他说："可以看出，胡华那时对我们这些参加革命不久的青年，特别注重端正学习态度，讲究学习方法的教育。"

胡华除在党史专业方面专心培养学生外，也十分重视在社会实践中锻炼他们。当时，解放区的土地改革正在各地展开。胡华和学生们从驻地附近农会征集到很多完整的报刊和图书资料，如《东方杂志》《国闻周报》《万有文库》等。他指导学生把收集的资料按专题整理，装订成册。胡华还收集保存了不少的党史、革命史资料。当时他住的房间里，四壁书架都堆满了图书资料。凡是来过的客人，不管学生还是老师，没有不羡慕他的书房的。这些资料整理工作，为后来中国近代史研究室开展工作创造了很好的条件。

在收集资料的同时，胡华和他的研究生还编写了一些小册子。1947年夏，冀中新华书店出版了华北联合大学史地丛书中的《美帝国主义侵华史略》以及《日本投降以来的中国政局史话》两本小书。教育学院院长于力为后者欣然作

人民的大学
华北联合大学（1939—1948）

序："这小册子的编成，正是人民解放军各地告捷，不断地为人民立功的时候，研究室的同学们也正在濡笔伸纸，等待着人民自卫战争的最后全面胜利，再系统地把全部人民自卫战争的史料，写进我们的'史学丛书'，以结束中国近代史二十年来的伟大史局。"解放区出版的图书，稿费是有限的，仅供全研究室的人员赶了一次大集，买了些菜，自己动手，会了一顿餐。清苦的日子里，怀着成果问世的喜悦，大家都吃得津津有味。

10. 贺敬之:"时代的歌手、人民的诗人"

贺敬之(1924—),山东枣庄市峄县人(今山东台儿庄),现代著名诗人和剧作家,中国文学艺术界联合会第十届荣誉委员。15岁参加抗日救国运动,16岁到延安入鲁迅艺术学院文学系,17岁入党。1945年和丁毅共同执笔,集体创作我国第一部新歌剧《白毛女》,获1951年斯大林文学奖。

1940年4月的一天,贺敬之与另两位同学商议,决定到延安报考"鲁迅艺术学院"。他们不畏"蜀道难",翻山越岭,跋山涉水,来到宝鸡,又乘车来到西安,经西安八路军办事处介绍,奔赴延安。"当时,我们的人换上八路军军服,怀揣着自制的假身份证,扮作一二九师的勤务人员,坐卡车向延安进发。"贺敬之回忆说,"我们是与董(必武)老、徐(特立)老、吴(玉章)老一起同行的。董老、吴老是以国民参议员身份去延安的,徐老化装为押人,他们三人挤在卡车前的驾驶室里,卡车在雨中颠簸而行,途经洛川时,车被国民党哨卡卡住了。当时徐老对我们说,不要听他们(国民党)的宣传,随后又给我们讲参加革命、抗日救国的道理"。当时正是国共合作时期,由于董老、吴老是国民参议员的身份,经过几番交涉,卡车又准许北行,终于到了他们盼望已久的革命圣地延安。潺潺的延河水、巍巍的宝塔山以及明亮的阳光、清新的空气,置贺敬之于一个全新的天地。到了延安,贺敬之交了自己来延安途中写的组诗《跃进》,正是这首诗显现出他在诗歌上的才华,鲁艺文学系主任何其芳决定破格录取他。在延安鲁艺,贺敬之如饥似渴地吮吸着革命的知识,舒展着自己的诗情。周扬的马克思主义文艺理论课,周立波的"名著选读"、何其芳的诗歌课,使他感到知识的

> 人民的大学
> 华北联合大学（1939—1948）

海洋是如此的宽阔。书海藏珠，艺海泛舟，使贺敬之的头脑得到了充实，艺术的才能得到了升华。正如他在《回延安》诗中所唱的："羊羔羔吃奶眼望着妈，小米饭养活我长大。"

那时的联大文艺学院很出名，很多剧社都慕名来交流学习。剧社来文艺学院上大课时，听了贺敬之主讲的"民歌"。当时，这位才貌双全的23岁小伙子自我介绍，他是山东峄县人，16岁到延安，进鲁艺文学院学习。才华横溢，又十分的谦逊。来交流的剧社相继排演了贺敬之创作的秧歌剧《张金虎参军》《秦洛正转变》，学唱了他作词的《翻身道情》《南泥湾》和《平汉路小唱》等歌曲，演出了《好军属》《王大娘赶集》《陈家福回家》等戏。贺敬之同文艺学院院长沙可夫、艾青，戏剧系主任舒强等一起来看戏，给提了许多宝贵意见。剧社走后，仍然会密切关注《晋察冀日报》《北方文化》上贺敬之发表的作品，一篇也舍不得落下。

在华北联大担任教员时的贺敬之也赢得师生的好评。校方曾根据边区人民子弟兵某旅长某政委等来信，提议学校给文艺学院教员贺敬之同志立功一次。经校务会议讨论，同意了这个提议。贺敬之也成为华北联大自开展立功运动以来，第一位立功者。原信是这样说的：

成校长：

贺敬之同志来我旅有两个月时间，工作直接深入连队班排与战士生活在一起，战斗在一起，从思想上与部队完全融合一致打成一片，不但收集许多部队生活战斗情形，且对我们工作上提出许多宝贵意见。在战斗中，与荣获"登城第一功"的某团第几连战斗在一起，鼓励士气，对某连士气有着很大的鼓舞作用。战士们对他产生了天真的无产阶级的热爱，听说他要回去，许多战士拉着他的手来挽留。贺同志系"白毛女"名作者，此种艰苦英勇的作风，"热爱人民子弟兵"的精神我们是很赞扬的，因此我们

提议给贺敬之同志立功一次,并祝他能写出更伟大群众的作品,反映士兵生活战斗的真实情况。专此致

军礼!并祝身体健康。

除了《白毛女》之外,还有一首风靡全国的出自贺敬之的长诗——《雷锋之歌》。1998年,在毛泽东"向雷锋同志学习"题词发表35周年到来之际,曾有学者前往贺敬之家采访。已过古稀之年的贺老和他的夫人、著名作家柯岩,在简朴的客厅里接待了来访者。谈起30多年前写的这首长诗,夫妇俩仍激情难抑。"当时中国大地上出现了一个伟大的战士……"贺老徐徐打开了话匣。"听说当年您听夫人讲起雷锋的事迹时,两人都感动得热泪盈眶。"来访者不禁这样问道。"不是热泪盈眶,是热泪奔流。"贺老轻声地纠正着,"我母亲在门口看到我俩相对痛哭,不禁愕然。问明缘由后,也泪流满面地说,这么好的人,怎么能死?!"谈起长诗的创作,贺老不禁想起王震将军对他的嘱托。当年正在医院住院的王震将军得悉雷锋事迹后,感奋不已,"我们都下决心向雷锋学习,你们应该写诗,歌颂这位好战士"。贺老说,在雷锋事迹的激励和老将军的督促下,他写完了这首长诗,为老将军在病榻前朗诵了一遍。当读到"北来的大雁呵,/你们不必对空哀鸣,/说那边寒霜突降,/草木凋零……/且看这里:/遍地青松,个个雷锋!——/……快摆开/你们新的雁阵呵,/把这大写的'人'字——/写向那万里长空……"时,老将军激动得一下站了起来。贺老感慨道,写《雷锋之歌》,正是从雷锋身上看到了我们青年一代的希望,看到了我们民族的希望。"那红领巾的春苗呵,/面对你顿时长高;/那白发的积雪呵,/在默想中顷刻消融……"虽然那时他已39岁,可他觉得雷锋是他无比高大的兄长。他写雷锋,就是在写他的弟兄。贺老接着说,他感到欣慰的是,读者能理解他,长诗发表后,他收到很多读者来信,说他们从诗中找到了答案:人,应该怎样生;路,应该怎样行。曾一掬热泪写下组诗《雷锋》《我对雷锋叔叔说》等脍炙人口诗作的柯岩,说起《雷锋之歌》一往情深:尽

人民的大学
华北联合大学（1939—1948）

管当时我先写,写时泣不成声,但仍有些就事论事。而《雷锋之歌》则是站在崭新的高度,塑造了一个具有坚定信仰的中国士兵形象,启示人们去深刻感悟人生。

贺敬之,一个深具民族脊梁精神的大诗人、大剧作家,他的作品一直传诵至今,影响了几代人。他在文学创作上的巨大影响,他平易近人的风范,一直深受人民群众爱戴,被称为"时代的歌手、人民的诗人"。

11. 田华："党的女儿"

田华（1928— ），中国电影女演员。出生于河北唐县。原名刘天花，12岁参加八路军晋察冀军区抗敌剧社，改名田华。1944年加入中国共产党，在华北前线为部队演出秧歌剧《兄妹开荒》，河北梆子《血泪仇》，话剧《战斗里成长》《大清河》等。代表作品有《香草季节》《花好月圆》《党的女儿》等。

"人家的姑娘有花戴，我爹没钱不能买，扯上二尺红头绳，欢欢喜喜扎起来。"多年后，当人们听到喜儿在《白毛女》中的唱段，总会想起喜儿蹲在爹爹的膝盖前扎红头绳的一幕。

当年出演电影《白毛女》中的喜儿时，田华才22岁，虽是个有着十年舞台经验的话剧演员，却没有大银幕的表演经验。到了《白毛女》摄制组，田华见到的第一个人就是大胆起用她的导演王滨。王滨非常严肃地跟田华说："你知道吗，我选你费了多大劲！"原来王滨为了选演员，几天几夜没睡觉，把照片摆在桌子上，目不转睛地想，谁是白毛女。选田华上来，好多人不认可，但导演觉得田华像，而且在舞台上，田华一直扮演农民形象，身上有一股乡土气息。而且田华确实也是出生于贫农家庭。多年来，屡屡被问及表演喜儿"诀窍"时，她的回答简单而不变："演喜儿，就是演我自己。"饰演喜儿，是厚积薄发，也是本色出演。

田华生于河北省唐县小山村一个贫困农民家里。由于兵荒马乱，加上自然灾害，她们一家人虽然风里来雨里去，辛苦劳作，可遇到打仗或旱灾雨涝的年头，年关就成了最难过的时候，没啥过年不说，还得想法设法对付上门催债的地主。俗话说"穷人的孩子早当家"，小小年纪的田华不得不干活儿帮家里减

人民的大学
华北联合大学（1939—1948）

轻负担。拿起扁担挑水，只身上山砍柴，在家中烧火做饭。到了春天青黄不接的时候，一家人没什么填饱肚子，她就上树撸榆钱儿，还采杨树和柳树芽儿给家里人充饥。凡是农村女孩子能干的事，她小小年纪都会干。

田华12岁这年，八路军来到村子里，随军而来的晋察冀军区抗敌剧社时不时地演出，吸引了很多村里的孩子，其中一个就是田华，她幸运地成为抗敌剧社的一名文艺小兵。这个生长于农村，性格倔强的小丫头，去掉了姓氏"刘"，正式改名田华。1941年，抗敌剧社派田华等小文艺骨干来到华北联大儿童剧团学习，儿童剧团的团长姚远方回忆起，这个"抗敌剧社从河北唐县方水村动员来的一个擅长打霸王鞭的12岁女孩子"很有才能，有较高的水平。他们的到来，给华北联大儿童团增添了新的力量。在儿童团这个大家庭里，田华不光学习表演，也能学习文化知识。经过在儿童团专业的训练以及残酷战争环境的锤炼，她迅速成长起来，既学会了唱歌、跳舞，也学会了演话剧。渐渐地，她已经全身心融入到革命队伍中去了。

对田华的经历，王滨非常满意，这便是他心中白毛女的人选。但是田华有一个致命的缺点——脸比较平，瘦弱苍白。导演就强制她喝牛奶增肥。后来，田华在剧组发胖了，导演又让她赶紧减肥。为了演好喜儿，田华吃了不少苦头。

因为第一次拍电影，难免有表现不佳的时候。有一场戏是黄世仁侮辱喜儿，田华无法入戏，总是挤眉瞪眼的，导演王滨表示不满，并告诉她，镜头就是观众，在镜头面前塑造人物，要比在舞台上更加生活化。演员既要有镜头感，又要没有镜头感。这些都对田华以后的表演有着很大启发。

当然导演满意的表演还是多数，田华拍的第一个镜头是在地里割谷子，王大婶送饭，喊："春儿！喜儿！吃饭了！"田华从谷穗当中一抬头，一抹汗，怀里抱着谷穗一亮相，一个地道的河北农村姑娘活脱脱就出现在导演面前。值得一提的是，拍摄大年三十杨白劳死在寒风狂雪之中，静静地躺在地上那场戏时，喜儿悲痛欲绝，哭唱着："爹爹何时回到家，心里有事不说话，天明倒在雪地里，爹爹爹爹你为什么……"这时，田华声泪俱下，动了真情，无法控制，连台词都唱不下去了。导演急忙喊："停机！"并开导田华："这样不行，你要把第一自我变成第二自我！"后来导演才知道，田华在延安时，一直由张守维照顾，战争年代，他们有了父女般真挚的感情。所以，当饰演杨白劳的张守维躺在地上，她感觉像真的亲爹死了一样。

1951年，《白毛女》拍摄完成，一经公映，立即在全国引起轰动，创造了当年影片播放的最高纪录。影片一举夺得当年电影评选一等奖，田华则因成功塑造了"喜儿"一角，获得了文化部颁发的金质奖章。

苦难是最好的洗礼，战争的硝烟便是那催熟剂，磨炼了田华坚强的意志，使她那刚正不阿的红色人格迅速成长。以后的田华，便在表演道路上越走越远，越演越顺，一部部红色经典电影，如《白求恩大夫》《党的女儿》《江山多娇》《秘密图纸》等的上映，让她深深地走进了人们的心中。"党的女儿"田华，成功地从贫苦女孩成长为成熟的人民艺术家，被周总理授予了"新中国22大电影明星"的称号。

12. 郭兰英：人民的喜儿

郭兰英（1929— ），我国著名晋剧表演艺术家、歌剧表演艺术家，为新歌剧表演体系的建立和民歌演唱做出了开拓性、历史性的贡献。1946年加入华北联大文工团是她民族新歌剧事业的开始，1948成功主演民族新歌剧《白毛女》更是奠定了她在中国歌坛的地位。曾先后在《刘胡兰》《春雷》《红霞》《小二黑结婚》《窦娥冤》等民族新歌剧中成功塑造了胡兰子、满妹子、红霞、小芹、窦娥等一系列鲜活而生动的艺术形象。

1945年"八一五"光复，这是全中国人民永远难忘的一天，中国共产党领导全国人民进行抗战最终取得伟大胜利，全国城乡一片欢腾，张家口也沸腾了。

郭兰英第一次看见人民自己的军队——八路军。他们对人和气，公买公卖，从不拿老百姓一针一线，还处处为群众办事。不像敌伪宣传的那样，什么"杀人放火，共产共妻"……她又从舞台上看到抗敌剧社演出的《子弟兵和老百姓》，那真是军民一家鱼水情深。特别是看了华北联大文工团演出的由王昆扮演喜儿的大型歌剧《白毛女》，她激动得像大清河水一样奔流翻滚，再也控制不住，当时哭得几乎昏倒在剧场里，因为她本身的遭遇和喜儿的命运太相似了……

郭兰英出生在山西平遥的一个贫农家里，因家中人口很多，又赶上闹灾荒，十三岁就被卖给十一生[①]学戏，五年的戏班生活受尽了折磨！她回忆起自

[①] 十一生是在太原、张家口一带唱山西梆子的一个坤伶，是个女流氓。

己第一次登台，是临时替一个生病的人出演大轴戏，戏词还是在化妆时现背的，只听了三遍就硬着头皮上台了。当时年纪很小的她心里没有底儿，慌乱得要命，唱到一大半的时候忘词了。回到后台，师母气得一脚把她踢得老远，并和十一生逼她跪着把衣服脱了，用一个三寸宽五分厚的板子轮流打她。第二天上台，她浑身痛得要命，动作不灵便，师母认为她偷懒又要打，可她浑身哪里还有好地方，师母就掏她的嘴巴、堵她的鼻子，她痛昏过去，又被凉水浇醒。

有一次她上午挨了打，心里委屈，晚上演六月雪里的嫦娥时哭得太厉害，想收都收不住，师母见了骂道："我打你，你到后台去哭还不算，还跑到前台去哭！好！这回我叫你哭个够！"于是扒掉衣服拧她的腿，用已经使坏了的苍蝇拍子上的铁丝扎她，还让她头上顶着装满了油的灯碗，跪在搓衣板上，说"什么时候油熬干了，灯灭了，你再给我滚起来"。她跪得膝盖都破了，实在撑不住了，一动弹，灯碗掉了。十一生按着她的头，师母的姘头压着她的腿，又是一顿毒打。

这还不算，敌伪的特务警察也不把唱戏的当人看，一没事儿就到戏园里去撒酒疯、捣乱。有时候唱了一天戏，晚上两三点钟还得侍候这帮"大爷"。给他们倒水、点烟，说话还要笑着点，要不他们就说："嗬！郭老板，怎么这么牛皮架子大呀，好，明天晚上台上见！"这样，第二天的戏就不用打算唱好了。

想到这些年受到的非人折磨，郭兰英耳边一直回荡着喜儿"我要活……"的歌声，她吃不好，睡不安，幻想着有一天自己也能演上《白毛女》，又好像做梦似的不敢相信这一切都是真的。然而，共产党、八路军来了，人民获得民主自由这是事实，戏园子里每个人都高兴极了，只有师母和那些平常欺侮人、剥削人的坏蛋都"老实"得很，再也不敢张牙舞爪了。不久党派来了工作组，有贾克（剧作家）、何迟（相声《买猴》作者）、王久晨（老文艺战士）等

人民的大学
华北联合大学（1939—1948）

同志。主要是组织旧艺人联合会，团结帮助启发教育旧艺人自己解放自己、改善生活。郭兰英受苦最深，当然是主要团结对象，而她自己在学唱新歌、排新戏、上政治课等各方面一直要求进步、积极参加，后来听有人说：不管怎么着中央军是正牌子，别看八路军枪毙了大汉奸于品卿，清算了多少坏的保、甲、牌长，建立了民主政府，又选举了参议员……但他们是兔子尾巴长不了。你可得留个心眼儿，别跟他们近乎，将来他们走了谁管你啊！

这些话的确使郭兰英在思想上产生巨大的矛盾和斗争，她就像站在人生的十字路口，需要经过自己做出慎重选择。但她毕竟出身佃农，从小受苦，被卖到戏班后一直受到非人的折磨，有一种朴素的阶级感情，懂得应当爱谁恨谁。特别是《白毛女》中喜儿给她的教育、鼓舞，还有工作组、妇联的同志经常和她谈心，使她很快地接受了新鲜事物。这样，她便第一个勇敢地站立起来，与晋剧班班主、师母划清界限，斗争与清算了汉奸戏霸赵步桥。

正当张家口在进行民主建设，人民当家作主，郭兰英刚获得解放，过上自由民主生活的欢快时刻，1946年国民党公然撕毁停战协定，悍然发动内战，准备突袭张家口。党中央为夺取全国胜利，不计一城一地的得失，决定暂时撤离张家口。

9月，市外郊区部队和民兵正修筑工事，以阻击进犯之敌；市内各党政机关、学校团体，正有组织有计划地进行转移撤退，在这战火即将燃起、形势突变的关键时刻，一个严肃而又严重的问题摆在郭兰英面前：是跟八路军走，还是再回师母那里？不，她不能再过那种非人的艺奴生活。但是还有一个饱经风霜的老母亲该怎么安排？妈妈已看出她要跟八路军走，心想刚过几天好日子，怕她出去吃苦，不愿让她走。她的态度却很坚决，她对妈妈说："我非走不行。你要叫我活，就出去；你要叫我死，就待在家。"妈妈明白这个道理，同意和她一道出来找八路军。

在张家口失守前五天，华北联合大学（代号为平原宣教团）已经从张家口撤退到西合营。文艺学院院长沙可夫、艾青知道郭兰英这一情况,立即向成仿吾校长请示,校长问:"她们能吃得了苦吗?"沙可夫和艾青回答:"能吃苦。"这样当即决定派三位同志连夜赶回张家口去找她。这时,郭兰英母女俩在轰炸的硝烟中也正急着寻找联大文工团,恰巧碰到因为处理善后工作撤得晚的华北军区抗敌剧社的王久晨与何迟,于是何迟委托他弟弟护送她们母女途经宣化,跨越万里长城,过桑干河到山西境内的广灵,找到抗敌剧社。由于部队情况动荡,加之她向往联大文工团,因此,最后又把她们送到联大,郭兰英就这样带着妈妈一起参加了革命,大家都把老太太亲切地称为郭母。

为照顾她们母女,行军时,学校特派了一辆大车给她们。可没过两天,她说什么也不坐了。她说:"坐大车怎么能行,这革什么命?八路军都是走的,我也走。"第二天,她一下就走了70里山路,晚上到了宿营地就累垮了。妈妈心疼,让她坐大车,她就是不肯,并且十分刚强地说:"不,我要锻炼!"

当时学校领导有过指示,对她不能和一般同学同样对待,她在晋剧艺术上有成就,但其他方面则不足,得给她吃"加餐",就是加强个别辅导。当时分配给她上课的有五位老师:剧作家贾克教她文化课,表演导演艺术家舒强教表演课,音乐家张鲁、胡斌教音乐课,戏剧系协理员教政治课。革命的大熔炉在温暖着她的心,她一个心眼儿要跟着共产党走。此时的郭兰英才是真正冲出樊笼而得到自由的鸟儿,在解放区的天空中沐浴着金色阳光展翅翱翔。

张家口失守后,国民党反动派便大造谣言,说郭兰英让共产党给害死了,一会儿又说在山上摔死了。其实当时她正在演出她参加革命后排练的第一个新戏《王大娘赶集》。1948年1月15日,在《石家庄日报》上发表了《革命救了我,教育了我,培养了我》这篇经她口述的文章后,特别是蒋管区的进步报纸进行了转载,反动派的谣言算是彻底破产了。

郭兰英边学习边工作,处处要求进步。文工团演出时她主动帮助搞服装道具,或在乐队打小锣。当时文工团住在冀中束鹿小李家庄,有时她同乡亲妇女

人民的大学
华北联合大学（1939—1948）

一起下地劳动，经常为房东扫院子担水，什么活都干，给老乡们留下深刻印象。通过和乡亲们同甘共苦的劳动生活，加深了她和劳动人民的感情，给她后来的艺术创作奠定了生活基础。

1947年冬，文工团要赶排一些小节目，准备春节之前慰问演出。组织上决定让郭兰英扮演《王大娘赶集》中的女儿玉池。这是一出表现现实生活中农民群众赶集买慰劳品，争做拥军模范的戏。为了演好这个角色，她在思想上做了充分准备，先剪掉烫发，又到辛集镶牙店里摘掉了牙上的包金，心想过去演旧戏，现在演新戏，还镶着金牙怎么能像农村小姑娘呢？当镶牙师傅说："金牙是金的，你带回去。"她说："不要了！"说完就走，一路上好高兴，觉得去掉金牙就是从身上去掉了旧意识，要和旧社会彻底决裂。果然她不负众望，在表演上将中华民族戏曲艺术的精华与秧歌剧淳朴健康的表现风格有机地结合在一起，以她的艺术天赋和聪明，无论唱还是舞，将一个天真活泼的农村小姑娘塑造得十分动人，受到全校师生、驻地乡亲们和广大观众的好评。

1948年4月11日，歌剧《白毛女》在石家庄市人民剧院演出。开始喜儿一角是由徐捷和孟于扮演的，郭兰英的工作是在乐队里打小锣。由于她在旧社会受尽了旧戏班主的凌辱，自己的身世与喜儿的遭遇有相似之处，她从在张家口第一次看到《白毛女》后，就深深地爱上了它，她在乐队里打小锣的过程中，早已把喜儿的唱词、道白和身段记得烂熟了。一天，徐捷临场生了病，不能演出了。是退票、停演，还是由别人来代替？领导通过研究，问郭兰英："今晚上的戏你能顶一下吗？"她说："大伙兜着点，叫我试试吧。"真是"救场如救火"，三个小时一贯到底的戏，万一什么地方出了错怎么办？这要有最大的勇气，大家都为她捏把汗。

当晚演出，除观众外，全团的同志都来看戏了。当戏演到黑虎堂喜儿受辱后的一段时，她如火山爆发般地随着音乐节奏，双脚交错踏地放声高呼："天哪！……刀杀我，斧砍我……"强烈地迸发出喜儿对旧社会的控诉，接着唱道:"娘生我,爹养我,生我养我为什么……"的"爹养我"时,扑通一声跪在了舞台上,她这一跪,立即把在场的观众和全团的同志们包括乐队队员们的眼泪跪了出来。这个下跪的动作,从延安演出以来,是没有的。她紧接着又唱出了"这叫我怎么活",这一句由轻声逐渐转为强音,把喜儿此时此刻痛不欲生的悲愤心情、绝望的复杂心理,在音乐形象上由一个高潮推向又一个高潮。她事先未和任何人商量,也未经导演批准,出其不意的这一跪,却跪到了点子上,跪到了观众的心里,跪出来了导演想排还没排出来的一个动作。闭幕后大家无不交口称赞。这个动作一直保留着,演出到今天。

13. 山沟沟里的蓝眼睛——记马克西莫夫

在晋察冀山区艰苦办学的华北联大，来了一位新朋友——鲍里斯·彼得洛维奇·马克西莫夫。谁能想到，这位曾流亡二十六年的旧俄贵族，在联大师生的共同影响下，竟然开始努力要做一名革命教授了。

这位新教授，高加索人，体格魁梧，来到联大时已经五十八岁了。他是沙俄时代的贵族，苏联内战爆发后为了躲避战争而流亡国外，吃过不少苦头。日寇投降前，他曾被日军拷讯，投入监牢。八路军解放张垣（张家口），他才得到自由，开始感受到革命军队的恩情，再加以生活的驱迫，便主动要求来联大服务了。对这个从前畏惧革命战争，因流离失所饱尝了生活的严酷和日寇的无情压迫，终于回头倾向于革命的外国朋友，联大自然是表示了同情与欢迎，给了他额外的生活照顾。于是他便成为联大的一位俄文教授了。

马克西莫夫自称不懂中国话，联大便找来一个俄国小鬼做他的勤务员。开始时，他教课是不够踏实负责的。每次讲不到半点钟，便要停下来休息，喝浓茶、吃面包，吸烈性烟草，收拾火炉。有时坐下来谈谈他的女儿怎样年轻聪明，又说他老婆写信要来看他等个人琐事，磨去了很多时间。早晨他与大家见面时除了一般客套话，再没有什么心情好谈，更谈不上积极主动去帮助同学了。后来，苏联大使馆秘书谢列全来张垣视察侨务，马克西莫夫在大家的帮助下解决了国籍问题。那天，他竟快乐地到处演说："我已是苏联的公民了，今后要下决心在你们革命队伍里工作下去。"这回他可显得年轻活跃起来了。

有一次，联大俄文研究室同学因工作需要，提前毕业就任教员，浦化人院长设宴庆祝这次教育的成功。席上，马克西莫夫感到了无上光荣。看见大家给他祝杯，他感慨地说："不久的将来，我希望在我马克西莫夫老人面前，会有像我一样能说俄语的许多许多的新马克西莫夫涌现出来……"

渐渐地，同学们发现马克西莫夫不像从前对大家漠不关心了。他在班上交了两个朋友，女的是柳巴，男的是果利。他每次上会话和默写课时，都以这两个同学的程度做标准，来规定他的教学进度；平时也最喜欢和他们一起玩，问他们眼前各种事物的俄文名字。因为他常听柳巴清早一起床便尖声唱歌，好像原子弹把他从梦中炸醒，不能睡懒觉，便给柳巴起了个绰号叫"原子炸弹"。柳巴从前线工作回来，他骄傲地说："咱们柳巴工作越紧张，面容越健康了！"果利去参军的时候，他热烈地在送别会上致了欢送词。他对系主任说："如果我再年轻几岁，也像果利一样去参军，该多好啊！"

联大俄文系的同学们与教员一起讨论问题

一天，全院同学都去校部开反对美军暴行的大会去了，马克西莫夫因小病留在家里。他屋里烟雾弥漫，一个人闷闷坐在桌边，吸着烈性烟草，看样子竟也寂寞而忧伤起来，好久，他才沉痛地说道："中国人民的灾难太沉重了，蒋介石有了山姆大叔，便总是战争，战争……"

1947年2月27日，大家在快报上看到我军在山东一举歼灭国民党军五万人并活捉最高指挥官李仙洲的消息，立刻联欢起来了。马克西莫夫急着抓人把战报翻译给他听，直说"兴奋得再不想吃饭和睡觉了"。晚间全体师

反对美军暴行的街头宣传标语

人民的大学
华北联合大学（1939—1948）

生都参加了军民联合祝捷的大秧歌舞，马克西莫夫看见有一位活泼的女同学穿着肥厚的棉袄也高兴而吃力地扭着，这位已落掉了半边牙齿的老外，竟孩子般地大笑起来。

后来，马克西莫夫不仅对时事，而且对同学们的各种活动，都感到有兴趣了。无论什么会，他都去参加，同学们对他的接近也更加大胆起来，只要他停在那里，便有男女同学把他围拢着。有时人们把他当成活字典，有了问题就来查。马克西莫夫的身边热闹起来，他再不觉得自己孤独和沉默了。学生们还听说他下课后曾努力研读费尔巴哈、列宁全集，要准备给他那些未来的新马克西莫夫讲述联共党史了。

有一天他进城去赶集了，师生们担心他不会买到什么东西，还可能被岗哨扣压住。不久，他竟满脸笑容地回来了，手上提着大捆烟草、糖块和煤油。他说，城里人对他很和气。他走进一家杂货铺去，要买煤油，可是他好像听到店里伙计回首说"煤油（没有）煤油"。这害他想了好久，才揣摩出了意思。恰巧当天师生们吃烙饼，他叹息中国话真难懂，"你看'烙饼'和'老兵''痨病'又是不容易弄清的呀！"

然而语言的困难丝毫没有削减他接近农民的勇气。在一次全院同学欢送翻身农民入伍的大会上，马克西莫夫在同学热烈掌声中，主动出场讲话了。他对农民们高声地说："我也和你们一样经受着战争，在行军路上我看见了中国许多乡村农民过着多么苦难的生活，你们斗争的英勇，正和我的祖国苏联的农民是一样的，因此，你们一定也会和苏联农民同样的走向胜利和光明！"经过同学们替他翻译，全村老乡对这位外国老人变得亲近起来了。以后，经常能看见邻家的孩子笑着来给他送开水喝，他便给孩子糖果吃。从此他更爱中国农村，爱那善良的农民，爱他那成群的活跃的男女同学了。他兴奋地说："我是一个老麻雀了，我曾飞遍世界，经历了一切。但是，今天我觉得只有跟着共产党八路军走，才能得到快乐。这里——联大，就是我的家。"大家看着他那俄国人特有的表情，禁不住笑了起来。

　　一天，一位小同学忽然高兴地跳起来说："记得是咱们路上行军时，我和马克西莫夫同志在一组吃饭，他也和我一样快乐地吃着小米和白菜，后来战争吃紧，他也自动献出了他的衣服和一部分薪金去支援前线。请大家来看，还不过一年的工夫，我们这位年近六旬的马克西莫夫，从一个帝俄的贵族，变成了苏联的新公民。今天他和我们一起已开始习惯着战时生活，潜心研究学问，立志要做一个革命教授了。不知你们怎么想法，今天他的话，我可以相信的，我是完全听懂了。"

　　马克西莫夫望着这个愉快而活泼的小同学。她那快得像机关枪而且略带鼻音的中国话，使他很难全部听懂，但这个老人好像已经体会出了一点什么，他的两个肩头一耸，咯咯咯咯地笑起来了。

附 录

（一）敬礼联大——诗两首

华北联合大学长征建校记

葛 尧

联大长征五千里，延安步向晋察冀。
中华历史从头阅，人人惊叹第一次。
党的命令记心里，千难万险何所惧。
高山大河留身后，丘陵平原踏过去。
脚上无穿打草鞋，遮日无帽编苇笠。
炊食无人师生做，服装破了自缝织。
风吹日晒颜面黑，野营晓行露湿衣。
滚滚雷声唤行人，漫天乌云洒雨滴。
文征战士赴长途，走完百里有千里。
成母传令催征步，村哥捧茶送别离。
驰行疾走挥汗雨，日伪封锁踩脚底。

枪声炮声壮行色，生死门前练意志。
文质彬彬习惯改，泼辣勇敢长胆气。
同志友爱心连心，饥渴疲劳相互持。
日月轮流换天地，寒暑更迭变四时。
行程四月时光急，联大建校到边区。
党的红旗空际飘，呼唤北国好儿女。
平、津青年革命多，源源求学来边区。
胭脂河畔战歌响，抗日烈火燎原起。
持久战略作指导，文武合建根据地。
抚今追昔往日事，草留鳞爪后人知。
继承联大好传统，艰苦奋斗办教育。

敬礼联大
——为母校八周年纪念献记

何 洛

一

敬礼！联大；
你这文化的工厂，
八年来，抗击着炮火的洗劫，
你顽强得像个巨人一样，
成天开动着思想的机器，
到处迸射出智慧的火花。
随着斗争的不断胜利，

你是更加发展壮大了。
一块铁，一个矿石，
通过你的熔炉和作坊之后，
都变成了可贵的产品；
一把刀，一柄斧子，
在他们底刃口上面，
都渗合着政治的钢。
厂长是人民的首领，
工人是马列的信徒，
为了造就新中国的人材，
他们从不"偷工减料"。

二

敬礼！联大；
你这人民的农场，
八年来，虽经受着风暴的侵袭，
但你培育的苗儿，还是这样茁壮。
感谢那批老的开拓者吧！
也感谢后继者的勤劳。
他们耕耘着广阔的沃野，
把真理的种子遍地播下。
除去那些害虫和杂草呵，
卫护着这些新生的嫩芽，
使他们浸润着时代的雨露，
很快在太阳的光下成长。

从此人民不愁精神的粮食,
到处充满着幸福的欢笑。
在这样自由民主的天地,
谁的辛苦都不徒劳。
即使做一头服务大家的笨牛,
也是多么地值得高傲。

三

敬礼！联大;
你这战斗的营房,
八年来,坚持在华北敌后,
你成为文化抗战的榜样。
人民迎来自己的子弟,
要你把他们的思想武装。
当祖国情势危急的时候,
他们便奔赴到各个战场。
有的用秋风席卷落叶之势,
一举来将敌人横扫;
有的又以响亮的歌喉,
唱出的人民大众的希望;
有的拿热血和头颅,
去写下自己的光荣;
有的牢守在艰苦的岗位,
一直战斗到最后。
今天,反攻的炮声已经响了。

每个联大的战士，
又正磨练着自己的刀枪；
时刻准备开赴前线，
去争取全国的自由解放。
这些辉煌的业绩啊！
证明他们是人民最优秀的儿女；
而联大这两个发光的大字，
将永镌在历史的纪念碑上。

（二）华北联合大学大事记

1939 年

7月初　陕公师生抵达延安后，中共中央领导人洛甫（张闻天）、陈云、李富春接见了陕公成仿吾、江隆基等几位负责人，传达中央的有关决定，并商议成立华北联合大学（简称华北联大）的有关事宜。党中央任命原陕北公学校长成仿吾为华北联合大学校长。将延安的四所学校合并，成立华北联合大学。

华北联大设四个部：陕北公学改编为社会科学部；鲁迅艺术学院改编为文艺部；延安工人学校改编为工人部，由朱改、张淮三带队；安吴堡战时青年训练班改编为青年部，由申力生、张立之、何力平、石青山（杨超时）等带队。学校实行党团领导下的校长负责制。

为了行军方便，中央军委决定，同去敌后办学的抗日军政大学和华北联大合编为八路军第五纵队，罗瑞卿任司令员兼政委，成仿吾任副司令员。华北联大编为一个独立旅，成仿吾任旅长兼政委。军委还决定一二〇师的三五八旅派两个主力团护送纵队过同蒲铁路封锁线。

7月7日　全面抗日两周年纪念日，华北联合大学在延安正式成立。

四校完成整编任务离开延安前，毛泽东、周恩来、博古、王明等中央领导人先后在桥儿沟天主堂为华北联大师生作报告。毛泽东在报告中赠学员"三个法宝"：统一战线、游击战争、革命的团结。他指出，只要好好掌握和运用这"三个法宝"，就什么敌人也不怕，什么也能战胜。周恩来为华北联大师生作了题为《中国抗战形势》的报告，阐明了中共中央抗战两周年宣言中提出的"坚持抗战，反对投降；坚持团结，反对分裂；坚持进步，反对倒退"的方针，希望华北联大师生到前方以后，不但要打日本，还要创造新社会，开展根据地的文化、教育、艺术活动，要成为最活跃的革命力量。刘少奇在自己住的窑洞里为成仿吾、何干之等饯行。

7月11日 鲁迅艺术学院师生召开欢送大会，欢送沙可夫、吕骥等八九十人参加华北联大的队伍出发上前方。

7月12日 抗日军政大学和华北联合大学组成的第五纵队从延安出发，徒步行军。罗瑞卿带领第一、第二梯队先行，成仿吾带领第三梯队跟进。当第三梯队经延长到达延川时，连日大雨，黄河水涨。经请示中央批准，决定改道北上，经清涧、绥德、米脂、葭县，到黑峪口、府谷一带渡黄河。

8月1日 华北联大的队伍经过国民党统治的清涧城外向北行进。为纪念八一建军节，在清涧城北一个村子，与当地军民举行庆祝联欢晚会，刚组建的华北联大文工团演出《黄河大合唱》《打城隍》等节目。8月4日，队伍到达绥德，当夜露宿在由国民党顽固派专员何绍南统治的绥德城街道房檐下。

9月16日 华北联大师生从兴县出发，由一二〇师三五八旅彭绍辉旅长亲自带一个团，经过康宁镇附近，翻越吕梁山，盘旋而东，白天隐蔽，夜里行军。

10月7日 在陈庄西召开了庆祝陈庄战斗胜利，欢迎抗日军政大学、华北联合大学胜利到达的祝捷和欢迎大会。贺龙、聂荣臻、甘泗淇、罗瑞卿都在大会上讲了话。随后，抗日军政大学师生由罗瑞卿带领继续南下，奔赴晋东南太行山区。华北联大师生从灵寿县北行，到达阜平县的城南庄。

10月中旬　华北联大正式开学。撤销了"独立旅"和团、连的编号，按部、系、队建制组织教学。

11月7日　华北联大在城南庄举行盛大的开学典礼。

11月8日　华北联大师生向灵寿、平山与五台交界的漫山进发。师生提出"背起背包行军，放下背包上课"的口号，在敌后开始了边行军边学习的战斗学习生活。

11月中下旬　过漫山后，师生组成了开赴第四军分区和第二军分区的两个参战实习总队，以参战实习队、小队和组为单位分散到各县、各村参加地方工作，进行农村调查。

12月中旬　边区反"扫荡"结束。为加强党对文化工作的领导，中共北方分局设文化工作委员会（简称文委），书记为成仿吾，成员有沙可夫、邓拓、李凡夫、何干之、周巍峙等，秘书为韩塞。

12月下旬　音乐系青年学生张达观吸收民歌旋律，创作了歌曲《军队和老百姓》。因易学易唱，这首歌曲很快流传全边区以至新中国成立后在全国传唱不衰。

1940 年

1月　华北联大根据中共中央北方分局和聂荣臻司令员的通知，将校址迁至未经敌人破坏过的比较富裕的平山县元坊村一带。校部驻元坊村；文艺部和社会科学部驻土岸、西坪等村；青年部、工人部、供给处和卫生处驻石板村和东、西白面红等村。华北联大开始了有秩序的教学活动。

2月6日　《抗敌报》刊载了《华北联合大学第二期招生简章》。简章中阐明学校的办学宗旨是培养行政的及文化教育的抗战建国干部。随后，华北联大派出招生组到各分区招生。

春节前后，文艺部师生利用课余时间参加扩军工作，深入各家各户了解情况，宣传扩军文件。

2月 干部队培训结束，其中一半人员分配到校部政治研究室，另一半人员充实校部的党政和教务部门。社会科学部设立法政、教育两个研究室。文艺部设立文学、戏剧、音乐和美术四个研究室。学校除已办校刊《文化纵队》外，又办了杂志《五十年代》，成立小学课本编辑室。

3月7日 为纪念三八节，全校开展了宣传工作，并组织了慰劳队，全校募捐了223元和267斤小米慰劳抗战人员家属，还召开了抗战人员家属联欢大会。

3月 为配合晋察冀边区第一次民主普选，华北联大派出许多小分队，到各区、村帮助登记选民，宣讲民主普选意义，行使民主普选的程序等。为了配合民主普选，文艺部、文工团创作了《民主政权歌》《选举歌》和《选村长》等歌曲。这些歌曲在群众中普遍流传，有力地配合了普选运动。

4月1日 华北联大第二期学员正式上课（学制延长至半年）。全校普遍开设政治理论课，包括社会发展史（马列主义原理）、政治经济学、哲学、中国近代革命史等课程，由校部直属政治研究室讲授。学校自己培养的一批青年教师汪志天、刘克明、师唯三、何戊双、明吉顺、张伯英、李滔、汪士汉、胡华、赵东黎、刘仕俊、陈汉光等先后开始任课。政治形势教育课由校长负责。后来又增设群众运动和基本政策两门课。有些队和干部学习中还开设了日语、俄语、英语等外语课程。

4月中旬 中华全国音乐界抗敌协会晋察冀分会成立，吕骥、周巍峙、卢肃等当选为常委，吕骥为主席。

4月18日 《抗敌报》特讯："联大师生积极响应边区政府开展春耕的号召，组织了春耕突击团、代耕队等春耕组织，热情帮助当地抗属和群众耕地，掀起春耕热潮。"

5月 因华北联大正在兴办，成仿吾工作繁忙，经中共中央同意，申力生、蒲运明两人回延安参加中国共产党第七次代表大会（后七大延期），由成仿吾代理党委书记兼政治部主任。吕骥也奉调回延安。

6月 华北联大派出小分队，参加晋察冀边区志愿义务兵役制的宣传。

7月1日 为庆祝"七一"党的生日、全面抗战三周年和华北联大成立一周年，文艺部和文工团演出《拴不住》《回到祖国的怀抱》和《蓝包袱》。

9月 随着边区根据地的不断发展，华北联大的新学员增多，元坊一带的村庄已容纳不下，中共中央北方分局决定华北联大迁至滹沱河畔的李家沟口村一带，校部驻李家沟口村，文艺部驻下槐村，社会科学部驻柏岭村，师范部驻上、下西峪村，供给处与文工团驻李家沟口村，卫生处驻校部附近的留命沟村。

12月10日 华北联大向国民党以及全国各党、各军、各报、各学校、各界同胞发了通电，要求停止内战，制止投降。

1941年

1月中旬 华北联大得知皖南事变消息后，召开大会作了紧急传达。全校师生无不愤慨，当即就有不少青年要求上前线。他们创作和演唱了许多歌曲，向边区人民群众宣传，揭露国民党蒋介石破坏统一战线的反动面目。

2月中旬 华北联大为了实行教导合一，将政治指导处（政治部）与教务处合并为教育处，原政治部下属宣传科改为生活指导科，隶属教育处。另成立干部处，处长由成仿吾兼任。工学院停办。

2月 华北联大第三期正式开课。学员有文艺学院文6、文7、文8三个队，教育学院教4、教5、教6三个队，社会科学院回民队。

6月16日 边区文化界第一次代表大会开幕，成立晋察冀边区文化界抗日救国联合会（简称文联）。沙可夫被选为主任。华北联大在平山县李家沟口村召开党代表大会（也称第二次党代会）。中共中央北方分局领导聂荣臻出席开幕式并讲话。大会听取并审议了成仿吾代表上届委员会作的工作总结报告，选举成仿吾、吕光、殷之钺、甘霖、吕文芳（陈东）、畲涤清、张淮三、康健、王文章、李光灿、杨伯箴等十一人为委员，选举成仿吾为党委书记。

9月 日寇抽调七万兵力，配以数万伪军，集中于保定以南至石家庄、正太路一线，然后采用"铁壁合围"战术。在两个多月的反"扫荡"战斗中，华北联大师生员工英勇抗击，有一些人壮烈牺牲。

11月 由于阜平、灵寿、平山等中心区遭受敌人破坏惨重，华北联大不能继续保持4 000余人的规模。根据中共中央北方分局指示，华北联大从11月至12月进行了改编，将群众工作部并入法政学院，由江隆基兼任院长；中学部初中班由项荣带去白求恩卫生学校，高中班并入教育学院，仍由成仿吾兼院长。这样，华北联大只保留教育、文艺、法政三个学院。全校教职学员缩编到1 300多人，工作人员由1 200多人缩减到540多人，学员只保留七个队，教育学院有教8队、教11队、高级队和高中队四个队，文艺学院只有文7队一个队，法政学院有两个高级队，共有学员760多人。其余学员毕业分配工作。

1942年

1月 华北联大1 300多人转移到唐河边上唐县的南、北洪城村和完县的神南镇一带。由于驻地距敌占区不远，易遭敌人袭击，因此，华北联大师生加强了爬山、跑步等早操锻炼，以备敌人来袭时安全转移。

3月 华北联大继续进行全校性的整风学习讨论和大检查，成立检查委员会。月底，向晋察冀分局呈送的《华北联大三个月工作报告》中指出："在这个时期，我们除全部恢复教育工作外，全校研究了中央关于增强党性、调查研究及干部学习的决定，彻底地进行了反主观主义、形式主义、教条主义的大检查（检查过程中又增加了反宗派主义、反党八股的内容），这是三个月的中心工作。"

4月26日 县城内敌人出动，华北联大文艺学院转移到齐家佐住了三天，29日返回南洪城村。

5月初 校部在北洪城村驻地举行体育运动会。运动项目中有马拉松式的赛跑。

5月5日 毛泽东关于整顿学风党风文风的讲话全文发表。校党委按中共中央宣传部《关于在延安讨论中央决定及毛泽东整顿三风报告的决定》的要求，陆续印发规定要学习的22个文件（后装订成册），在全校开展学习运动。

6月21日至25日 边区文学、戏剧、美术、音乐各协会同时在唐县华北联大文艺学院驻地召开会员大会，讨论当前文艺创作中的问题，通过新章程，改选理事。

7月4日 《晋察冀日报》发表成仿吾的《华北联大三年的回顾与展望》、江隆基的《反对教条主义，贯彻理论与实际一致的原则》和何干之的《战时大学与教员》三篇文章。他们在文章中叙述了华北联大三年来的成绩和缺点，指出华北联大教育工作上的基本缺点是"理论与实际、所学与所用脱节，存在着主观主义与教条主义"，"只有彻底破除教条主义，才能贯彻理论与实际、所学与所用一致的原则"。

7月7日 在华北联大成立三周年之际，学校党委发布《整顿三风工作检查初步总结》指出，"三年来联大建校事业已经略具规模，训练了3000多名专门与普通的各种干部，部分地解决了边区的干部问题，对边区的文化文艺工作起了一些帮助和推动作用"，但是，过去"对于学校方针，还缺乏深刻认识。以致在工作过程中，发生了教育工作和干部工作的宗派主义偏向"，"联大的教育方针应当是教育学生具有新民主主义的思想，使他们了解与执行新民主主义政策，要求他们具有新民主主义的政治水平。教育内容应当是以马列主义的立场和方法为出发点的民族民主革命的教育"，"今后，短训班的形式应该结束，逐渐向专门学校的方向发展转变"，"教育学院主要是训练小学教员与县区级的教育行政干部，文艺学院主要是训练一般与比较高级的文艺工作者，法政学院主要是训练县区级的行政司法干部"。华北联大改变党的建制，将党委改为总支，吕文芳任总支书记。各院党总支改为分总支。华北联大法政学院由何干之接任院长，改设社会科学、政治、财政经济、历史地理四个系。

10月上中旬 华北联大法政学院举行新学员入学分系测验。11日，正式分成社会科学、政治、历史地理三系，财政经济系因学员较少，暂并入社会科学系。这批学员有来自北平、天津、保定等敌占区大中城市的，有来自东北的，还有从冀东、冀中等根据地来的。他们的文化水准大都较高，仅社会科学系，大学毕业或从其他大学转来的即占16%，高中程度的占33%，初中程度的占43%，有实际工作经验者约占8%，其中参加工作数年的干部占80%以上。

10月 由于日伪对边区的封锁和"蚕食"，根据地缩小，学生来源减少，晋察冀分局和边区政府决定华北联大缩编，只留下一个教育学院。文艺学院和法政学院结束，学员提前分配工作。校部和这两个学院的干部，大部分在边区分配工作，一部分回延安。分局决定由成仿吾负责边区参议会的工作。

11月7日 纪念十月革命二十五周年，华北联大文工团举行最后一次演出，演出了《苏联人民的复仇者》和《苏联胜利万岁》等节目。

11月10日 华北联大开始进行缩编，干部一批批地调往新的工作岗位。缩编后留下的华北联大教育学院，于力任院长，李常青任副院长。

11月22日 晋察冀分局决定由顾稀、吕梁、张时杰、胡承、汪士汉五人组成中共华北联大教育学院总支部委员会，顾稀为书记。

11月29日 院总支召开会议，讨论支部编制问题，决定除已建立的工作人员支部、高中班支部、12班支部、13班支部外，另成立教员支部。华北联大教育学院高中班是由原中学部转来的，分文、理科，比较系统地教授科学文化与外语，目标是培养将来建设新中国需要的人才。

12月9日 华北联大教育学院教职员会召开全体会议。会上教职员反映的主要要求有：改善生活，增强健康；加强对干部教育的领导，提高教职员的文化、政治、理论水平；丰富业余文化娱乐活动。

12月31日 院党总支召开会议，讨论学员党内教育和加强学生会工作问题。决定以后党内教育要加强党性锻炼的实际生活教育，党与群众关系的理论与实际的教育，时事政策教育，新党员党建教育。会议做出《关于加强学生会工作的决定》，议定院学生会是各班学生会的联合组织。

1943年

1月上旬 一些爱好文艺的同志成立了"路社"。1月19日华北联大教育学院党总支会议讨论了"路社"问题，确定其性质是业余的课外的群众性自由研究的文学团体，"路社"中的党员应研究党的文学理论，宣传党的文艺路线，把爱好文学的青年团结在党的周围。

1月 晋察冀边区第一届参议会在温塘隆重召开。华北联大选出的参议员有成仿吾、于力、何干之、沙可夫、李常青、阮慕韩、段良弼、刘仁，华北联大的学校代表为胡华。成仿吾被选为边区参议长，于力为副参议长。

5月1日 由于4月下旬日寇开始对三分区进行"扫荡"，华北联大教育学院师生转移到北法台、胡林沟一带，分散参加地方工作。5月中旬反"扫荡"斗争胜利结束，师生返回原驻地。

5月25日至6月25日 各学员支部进行自下而上的检查工作：前半月检查小组生活及党员学期鉴定；后半月检查全面工作，重点是群众工作和领导问题。工作人员支部和教员支部分小组讨论每个党员的思想自传。

7月上旬 为了加强教员对学员的教育，华北联大教育学院党总支决定撤销教员支部，教员党员参加学员支部。于力不再兼教育学院院长，由李常青接任院长。

7月中旬　晋察冀分局决定华北联大教育学院改归边区政府领导。教职员协会及事务人员俱乐部取消。

7月下旬　学校各支部先后召开支部大会，按新编制进行改选。

8月上旬　华北联大教育学院决定师范班设主任教员，以加强对班委会和学生会的指导。

8月20日　北岳区党委决定教育学院的行政与党务建立一元化领导，撤销党团，召开党代表大会选举产生新的总支部委员会，委员人数最多五人。此后，院党总支即着手进行党代表大会的准备工作。

9月上旬　华北联大教育学院党总支决定12班和13班合并为一个班，统称师范班，建立一个党支部。

9月12日至14日　党总支讨论了工作总结报告，拟于19日召开代表大会（后因9月16日反"扫荡"开始，党代表大会延期）。

9月16日　日寇集中四万余兵力对北岳区进行毁灭性大"扫荡"。边区军民坚强不屈，英勇斗争。华北联大教育学院师生分为实习中队，分散到各区打游击。12月20日，历时三个多月的反"扫荡"斗争结束，教育学院师生返回原驻地，继续进行教学。

10月　华北联合大学校友曹火星深入平西根据地开展抗日宣传时，在平西霞云岭乡堂上村创作了不朽之作《没有共产党就没有中国》。新中国成立后的一天，毛泽东在中南海听到女儿李讷唱"没有共产党就没有中国"时，提出在"中国"前面加一个"新"字，从此，《没有共产党就没有新中国》这一经典旋律流传至今，经久不衰。

12月　党中央调成仿吾回延安参加党的第七次代表大会。

1943年是晋察冀边区生活最艰苦、斗争最残酷的一年，也是华北联大干部和毕业生牺牲最多的一年，有案可查的牺牲的同志有：吕光及其爱人刘玉芬、畲毅、倪淑英、范实斋、姜祥征、孙家材、张明母子三人、李仁初、高传纪、时迈（女）、陈九、赵尚武、赵思尚、采军、齐世超、陈云（女，14岁）、计晋福（9岁）、胡辛力（女）、黄天、魏中。还有许多牺牲的烈士，名字和事迹已无从查考。

1944 年

2月6日　《晋察冀日报》报道，华北联大教育学院制订出生产计划，生产总值为：小米 12 880 斤，边币 15 4710 元。当时全校共 370 人，能参加生产者 330 人。

2月26日　华北联大教育学院政治班正式成立，举行开学典礼。该班学员全由中共晋察冀分局城市工作部分配来校，大都是从平、津等敌占区大城市来的青年学生，约 60 人。（政治班主要是对学员进行政治思想教育，提高学员的政治觉悟，经过短期训练后，分配到敌占区城市从事地下工作。）

2月　华北联大教育学院党总支召开党员代表大会，听取审议了顾稀代表上届委员会作的《一年来联大教育学院总支工作总结》报告，并讨论通过了《华北联大教育学院总支代表大会讨论结论》，选举李常青、顾稀、张云莹、吕梁、汪士汉五人为总支委员，李常青为书记，顾稀为副书记。华北联大教育学院党团撤销。

1944 年春，华北联大高中班英语教师李少堂、教员罗觉中等牺牲。

4月　李常青、顾稀去中共晋察冀分局党校参加整风学习，由赵继昌任华北联大教育学院副院长（后代理院长），狄子才任党总支书记。

4月　高中班学员到延安后，分别进入延安大学自然科学院、医科大学、鲁迅艺术学院以及外国语学校继续学习。

9月　师范班学员 100 多人毕业，大部分分配到北岳（冀晋）区各县，少部分分配到平西、察南（冀察区）。边区中学合并到华北联大教育学院，成为华北联大教育学院中学部。

10月10日 辛亥革命三十三周年纪念日,华北联大教育学院召开盛大纪念会。大家一致要求改组国民政府和统帅部,保障大后方学生的各种自由。大会进行了五六个小时,会场自始至终群情激昂。

12月9日 华北联大政治班为纪念"一二·九"运动九周年召开座谈会。发言的同学一致指出,青年学生只有跟着中国共产党走,和工农兵结合起来才有力量。大家互相勉励,要在准备反攻的新形势下,发扬"一二·九"时代青年的团结勇敢的革命精神,和工农兵在一起,为"打倒日本帝国主义""建立独立自由民主的新中国"而奋斗。

12月12日 晋察冀边区行政委员会做出《关于教育学院的决定》,就华北联大教育学院的性质、任务和教育方针等问题做了具体规定。该《决定》要求华北联大教育学院以培养在职干部和提高干部文化为主,贯彻学以致用、理论和实际密切联系的原则,培养干部为抗战服务、为新民主主义社会建设服务、为群众服务的品质及必需的技能。

1945年

1月 晋察冀边区行政委员会决定,任命边区教育处处长刘皑风兼华北联大教育学院院长,赵继昌为副院长。根据边区行政委员会的规定,教育学院院部秘书主任一职取消,总务科改为校务科。

5月 为了加强校务工作,经院务会议讨论决定,院部增设秘书主任一职,协助院长领导总务、生产、卫生及秘书机关工作,并指导生产合作社工作。

8月15日 日本投降前,华北联合大学教育学院接到晋察冀边区政府关于日寇即将投降,要学校迅速做好随军转移准备的通知。学校在欢庆抗战胜利的气氛中结束教学工作。按边区政府的指示,除将一部分当地学员分配回原单位外,大部分师生分编为两支队伍:一支以政治班为主,包括全院大部分教工共约400人,由院党总支书记狄子才和副院长林子明带领开赴北平方向(后进驻张家口）；另一支以中学班、师范班为主，包括少数教师、干部共约150人，由院秘书主任李子寿带领开赴天津方向（后在冀中分配工作）。

8月20日前后 教育学院两支队伍从阜平县平房、康家峪一带陆续出发。开赴天津方向的队伍交由冀中区党委领导，脱离华北联大。

9月下旬 华北联大在平西待命的队伍途经怀来、下花园到达已解放的张家口市，驻东山坡原日本"国民学校"及其附近。恢复华北联合大学的全称，继续招收政治班，并接受边区政府委托，开办行政人员训练所，对伪蒙疆系统的职员、教员进行再教育。

11月8日 以延安大学鲁迅艺术文学院为主，由延安文艺界组成的华北文艺工作团到达张家口，不久奉命编入华北联大，成为华北联大恢复文艺学院的基础。

12月10日 中共晋察冀中央局正式决定全面恢复华北联合大学，华北联大改由中央局直接领导；任命成仿吾为华北联大党委书记；将从延安迁来的张家口外语学校划归华北联大，为华北联大附设的外语学校。全面恢复后的华北联合大学实行校长负责制，校部成立校长办公室、教务处和总务处。

自11月下旬开始，华北联大逐步复建了教育学院、文艺学院和法政学院。教育学院设教育系、国文系和历史地理系。文艺学院设文学系、音乐系、戏剧系、美术系和舞蹈组。法政学院设政法系和财政经济系。学校建立校务会议制度。校务会议为学校最高行政会议，由校长任主席，校长办公室主任、教务长、总务长、各学院院长为校务会议成员。此外，还建立了教务会议制度，并成立招生、干部教育、民运等委员会。

1946年

1月至春节期间 华北联大文艺学院在人民剧场公演歌剧《白毛女》，在张家口市引起轰动。

1月22日　附设外语学校划归文艺学院领导，称为外语系。

2月上旬　延安大学原准备经过张家口去东北解放区，因战争受阻，经中央同意并入华北联大。延安大学校长周扬改任华北联大副校长，副校长张如心改任华北联大教务长，刘程云任华北联大校长办公室主任兼党委副书记，沙可夫任华北联大文艺学院院长，王哲任华北联大法政学院副院长。复建华北联大文工团，吕骥任团长，周巍峙、张庚任副团长。林子明改任副教务长，艾青改任文艺学院副院长。

2月　学校接受新华社和《晋察冀日报》的委托，在文艺学院增设新闻系。

2月　张家口市欢度解放后的第一个春节，开展拥军爱民活动。学校组织秧歌队到市内街头宣传，演出《打花鼓》《兄妹开荒》《夫妻识字》等文艺节目。

3月27日　学校成立以林子明为主委的选举筹委会，组织师生参加张家口市参议员选举。这一活动是对全校学工人员的一次民主参政教育。

3月　张如心为全校学员开设新民主主义论课程，受到欢迎。

4月起　全校教工试行以粮价为标准的低薪制。

4月　文工团划归文艺学院领导。全校师生参加抢修张家口市西沙河的义务劳动。

5月上旬　学校选举学生会，新闻系学员谭彪当选为校学生会主席。

5月下旬　延安大学奉中央指示撤离华北联大，由张如心、刘程云带领赴东北办学。林子明复任教务长。

5月　文工团团长吕骥、副团长张庚奉调去东北。周巍峙继任文工团团长。

5月　国民党统治下的平、津两市和华北地区广大青年纷纷来张家口参观，华北联大学员多次组织欢迎会和联欢会。

6月　原晋察冀抗日军政干部学校的外语干部训练班划归华北联大，同文艺学院外语系组成华北联大外语学院，浦化人任院长。外语学院设英语、俄语两系。

人民的大学
华北联合大学（1939—1948）

7月上旬 学校贯彻教学与实践相结合、理论与实际相结合的方针，遵照中央《关于土地问题的指示》（通常称"五四指示"）精神，组织全校学工人员去洋河两岸和平绥路沿线农村，参加"耕者有其田"的土地改革和反对霸权斗争。

8月上旬至9月初 文工团和文艺学院部分师生去怀来一带，为东线部队进行慰问演出。半个月后转赴西线大同郊区继续演出。

8月 由于国民党发动内战后，张家口形势日趋紧张，华北联大于8月28日奉命撤离张家口，向察南广灵县山区转移。校部转移到广灵县西加斗村。学校各路土改工作队完成任务后都向广灵西加斗一带集中，进行土改总结后立即复课。

9月 政治班新1班学员毕业分配工作。法政学院两个系的学员以及教育学院部分学员提前毕业，除部分留校外，大部分由晋察冀中央局分配到部队工作。

9月 法政学院改为政治学院，撤销政法系和财政经济系，并将政治班划归政治学院，该院以办短期政治班为主。增设研究室，在政治学院和教育学院提前毕业并留校的人员中选取十人左右进研究室作为研究生，副院长王哲领导该研究室的活动。撤销教育学院的国文系和文艺学院的新闻系、舞蹈组。

10月 华北联大教工一律恢复供给制待遇。

10月20日 华北联大奉命开始向冀中转移。在转移休整过程中，各学院注意组织学员的学习，"背起背包行军，放下背包学习"。

10月 在转移过程中为了保密，华北联大开始将校名收起，改称平原宣教团，校部称团部，各学院称中队。直到1948年初学校迁到正定县城才恢复校、院名称。

11月18日、19日 校部和各学院陆续到达束鹿县大李家庄一带。校部驻大李家庄，政治学院驻前、后杜科村，教育学院驻常家屯，文艺学院驻贾家庄、小李家庄，外国语学院驻路过村。各学院经过短时间休整安顿后很快复课。

11月 周扬副校长奉调去晋察冀中央局工作。

11月 学校接受冀中区党委的委托，在政治学院增设中年知识分子班（亦称"老头班"，即政治6班），教育学院增设文化班，文艺学院增设乡艺班。

12月9日 华北联大召开"一二·九"运动十一周年纪念大会。会上，西南联大来的学员介绍了国民党当局1945年在昆明制造"一二·一"惨案的经过，激发了广大师生的革命热情。

12月中旬 学校响应上级号召，为了支援解放战争，发起参军运动，选拔约100名年轻的共产党员到部队工作，号称"百人参军运动"。

1947年

1月25日至2月5日 学校召开教育工作会议。会议由成仿吾校长主持，教务长、各学院院长、系主任、班主任以及教师代表共40人参加。会议总结了一年来的办学经验，进一步明确了学校以培养区、县级各种干部为目标，以密切联系实际、按不同对象予以政治和业务教育为方针。会议决定各院成立研究室，加强教材建设，师资培养，为过渡到新型正规教育做准备。

2月 政治学院政治2班百余名学员毕业，多数分配到党、政、军部门工作，少数留校。

2月春节期间 华北联大以文艺学院和文工团为主，组织了两支各百余人的文艺宣传队伍，除在学校驻地演出外，还分赴武强、束鹿、晋县、藁城、无极等地，演出《大秧歌》《王大娘赶集》《小姑贤》《四姐妹夸夫》等节目，宣传土改政策，慰问群众，开展拥政爱民活动。同时，宣传队队员学习了无极农民群众气势磅礴的战鼓表演，此后无极战鼓就成为文工团的保留节目之一。

2月 校学生会选举。政治学院学员达昭当选为复校后第二届校学生会主席。

3月8日 学校召开庆祝三八国际妇女节大会，成仿吾校长报告三八国际妇女节的历史和我国妇女界英雄模范人物事迹。会后演出文艺节目。节日前后，各学院的女同志分头在驻地各村同当地妇女开会，座谈妇女解放的意义，推动生产、拥军活动。

3月13日 教育系学员赴深县、安平进行为期半年的实习。

3月中旬 全校开始1947年度群众性的业余生产活动。各单位结合实际制定计划，展开了各式各样的生产活动，如开荒种粮、种菜、运粮、粮食加工、做豆腐、做糕点、纺纱、做鞋、拆洗棉衣、开办美术作坊等，并于当年4月组织部分学员去安平县参加短期筑堤劳动。学校规定学员人均创收折合50斤小米价值，教工人均创收折合100斤小米价值的生产任务，执行结果成倍地超过了规定标准，从而减轻了人民的负担，补充了办学经费，改善了生活水平，同时培养了师生员工的劳动观点和群众观点。

3月20日 校刊《联大生活》复刊。

3月 文工团大部分人员调入戏剧系和音乐系工作或学习，但仍保留一定力量办乡艺班，文工团名义也未撤销。

1947年春，冀中区党委组织华北联大的少数师生开始在驻地农村进行土改复查试点工作。

4月14日 学校建立保健委员会，给少数年老体弱的教工以少量必要的生活补贴。

5月 延安平剧（京剧）研究院近百人在院长罗合如、副院长阿甲的率领下来到冀中，划归华北联大，改称为华北联大平剧研究学院，公开称为平原宣教团六一中队。（延安平剧院成立于1942年10月，专门从事京剧改革与创新，毛泽东曾为该院题词"推陈出新"。该院成立以来，创作了《三打祝家庄》《红娘子》等一批新编历史剧，并改编了《打渔·杀家》《群英会》等一大批传统剧目，在冀中解放区巡回演出，受到军民的欢迎。）

6月6日　学校举行庆祝"六六"教师节大会，会上通过了在全校开展立功运动的提案。

7月7日　学校召开纪念抗日战争爆发十周年和华北联合大学建校八周年大会，林子明教务长作关于立功运动的动员和工作部署的报告。从此，群众性的立功运动在全校开展半年之久，推动了教学等各项工作。

7月　学校大部分师生参加了驻地农村的土改复查工作，至秋季结束。

8月23日　文艺学院第一期学员毕业分配工作，大部分留在文工团。文工团得到补充后恢复了工作。

9月　中央青委派杨诚来华北联大进行建立青年团的试点工作，学校开始按系、班建立青年组织。

10月16日　文工团开始以河北梆子曲调为基础排练歌剧《血泪仇》，并于一个月后在校内试演成功。

10月　政治学院政治7班100余名学员毕业分配工作。

11月6日　学校召开大会纪念冼星海逝世两周年，会后演出《黄河大合唱》《热血》等冼星海遗作。文艺学院特辟展览室展出冼星海的遗照和遗物。

11月23日　成仿吾校长从晋察冀中央局开会回校，向全体学工人员传达土地工作会议精神和《中国土地法大纲》内容。随后全校对《中国土地法大纲》展开了深入的学习和讨论。

12月　学校大部分师生干部分赴获鹿、井陉、石家庄、正定、藁城等地农村参加土地改革。文工团和平剧研究学院去石家庄市进行宣传活动和劳军演出。学校公开了党的组织。

1948年

1月初　自元旦开始，一连三天，华北联大文工团在石家庄市展开拥军爱民宣传，在广场闹市巡回演出《大秧歌》《腰鼓舞》《花鼓》《王大娘赶集》以

人民的大学
华北联合大学（1939—1948）

及革命歌曲等，深受群众欢迎。

1月中旬 文工团在石家庄人民剧场连续演出歌剧《血泪仇》，招待学生、工人及各界人士，并派郭兰英去升平戏院晋剧班演出数场山西梆子，为晋剧班筹措经费，救济同仁生活。石家庄解放后，华北解放区已连成一片，晋察冀中央局决定将华北联大迁往石家庄以北的正定县城。

2月25日 校部及各学院未去参加土改的人员开始从束鹿农村向正定迁移。校部驻正定城内民主街，各学院分别驻城内天主教堂、胜利街、正定中学、西门内以及西关等地。

4月下旬 学校赴农村参加土改的各路队伍结束工作后，陆续向正定新校址集中休整并进行总结。政治学院政治、经济二系70余名学员毕业分配工作。

5月26日 校文工团奉命去平山，为党中央主持的晋察冀与晋冀鲁豫两大边区合并会议进行文艺演出，至6月2日返回学校。

5月底 党中央通知成仿吾校长去西柏坡汇报工作。中共中央书记处书记周恩来向成仿吾传达了中央关于将华北联合大学与北方大学合并为华北大学的决定，并委托成仿吾及时将中央决定转达给北方大学，尽快成立华北大学。

6月3日 学校召开教职员工会议，成仿吾校长传达党中央关于成立华北大学的决定，要求学校各单位积极做好迎接北方大学迁来正定的准备工作。

6月6日 学校召开大会庆祝教师节并欢迎丁玲来校讲学，同时欢送外国语学院院长浦化人率领英语系大部分师生离校去获鹿县创办中央外事学校，欢送政治学院、教育学院部分学员毕业分配工作。当晚举行了文艺晚会，由文艺学院和文工团演出《周子山》《打倒蒋家小朝廷》等文艺节目。

6月17日 解放军某部六纵队为学校进行精彩的军事表演。校文工团演出歌剧《白毛女》慰问该部，深受指战员的欢迎。为了答谢，该部向全体文工团员赠送了战利品。

7月7月初至中下旬 北方大学师生陆续来到正定与华北联大师生会合。

7月26日 北方大学与华北联大两校联合召开联欢晚会，并欢送华北联大平剧研究院离校独立成为华北平剧研究学院。政治学院政治第10班学员100余人毕业分配工作。

1939年至1945年，华北联合大学在抗日战争时期残酷的敌后战争环境下坚持办学，整整六年，为中国人民的抗日战争培养了近8 000名干部，其中政治、经济、行政干部3 000多人，教育干部3 000多人，文艺干部1 000多人，连同经过华北联大培养一个时期即分配工作的干部，人数逾万。此外，还培养了几百名政治理论、文艺、教育、政法、财经等方面的骨干教员和理论人才。华北联大培养的干部，有的在残酷的抗日战争中献出了自己年轻的生命，更多的在斗争中锻炼成为抗日战争、人民解放战争和社会主义革命与建设时期的骨干，为中国人民的解放和建设事业做出了重要的贡献。

1945年8月抗日战争胜利到1948年8月，华北联合大学共为中国人民的解放和建设事业培养、输送各类干部近2 000名。

1948年8月24日至27日，华北大学举行隆重的开学典礼。华北联大结束工作。

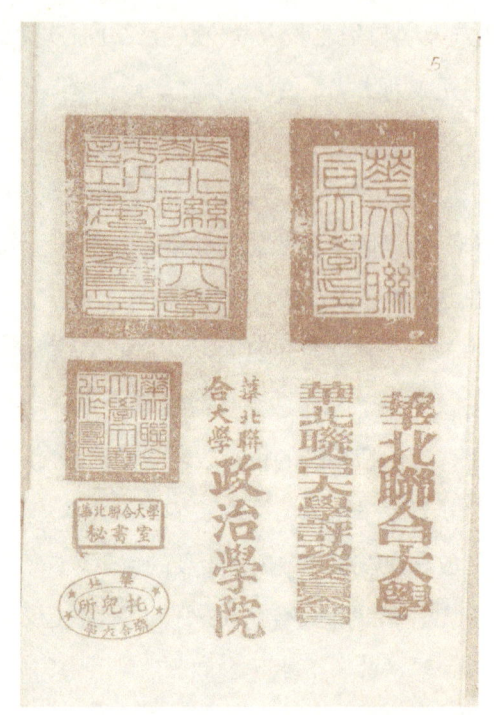

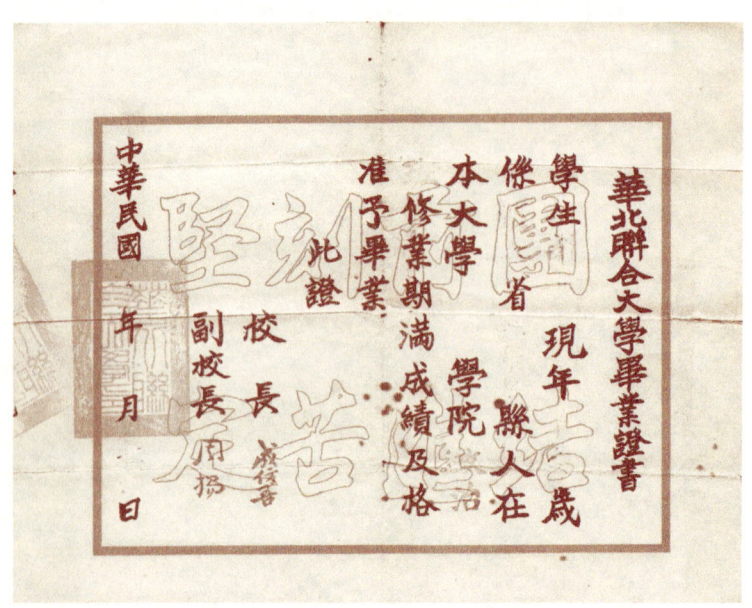

人民的大学
华北联合大学（1939—1948）

（三）华北联合大学统计表

表一　　　　华北联合大学人员统计表（1948年5月）

所在部门	干部	学员	警卫及勤什	保姆及其他	
校部	72		68	17	157
文艺学院	106	110	25	10	251
教育学院	9	29	7		45
外语学院	17	66	3	1	87
政治学院	45	456	25	1	527
总计	249	661	128	29	1 067
备注	其他指未分配工作的女同志，小孩子全未计在内，平剧院未计在内。				

资料来源：中央档案馆存华北联大档案。

华北联合大学 1945 年 9 月至 1948 年 6 月期间毕业生及零星出校分配工作学员人数统计表

表二

时间	毕业生数	零星出校数	合计
1945年9月—1946年6月	393	321	714
1946年7月—1947年6月	501	251	752
1947年7月—1948年6月	248	144	392
总计	1 142	716	1 858

说明：

1. 本表数字不包括来校短期进修人员和 1945 年 9 月—12 月行政人员训练所近 1 000 名学员。
2. 1948 年 6 月—8 月华北大学成立前的两个月期间，政治学院第十班学员约 120 人毕业分配工作，如将此数计入，华北联合大学 1945 年 9 月—1948 年 8 月结束时学员分配数字应在 1 980 人左右。

资料来源：中央档案馆存华北联大档案第 42 卷。

表三　　1946 年华北联合大学文艺短训班概况登记表

班名	原剧社名称	男	女	合计	入学日期	出校日期	介绍机关
音乐短训班	晋绥军区战斗剧社	8	0	8	1946年4月13日	1946年6月初	晋察冀军区政治部
音乐	前哨剧社	1	0	1	1946年7月9日		沙可夫院长
音乐短训班	群众剧社	3	0	3	1946年4月19日	1946年6月初	晋察冀群众剧社
短训班	一纵宣传队勇士剧社	31	8	39	1946年7月19日	1947年1月	一纵队政治部
短训二班	前线剧社	26	6	32	1946年12月		十一军分区政治部
乡艺班		7	0	7	1946年12月		十一专署等地方政府

说明：乡艺班于 1946 年 12 月开始入学，故此部分数字不全。

资料来源：中央档案馆存华北联合大学档案第 42 卷。

参考文献

1. 华北联大. 人民的大学——华北联大介绍. 北京：北京书店，1948.
2. 成仿吾. 战火中的大学. 北京：人民教育出版社，1982.
3. 骆寒超. 艾青论. 杭州：浙江人民出版社，1982.
4. 刘众语. 纪念江隆基文集. 兰州：兰州大学出版社，1987.
5. 丁毅，苏一平. 延安文艺丛书：文艺史料卷. 长沙：湖南文艺出版社，1987.
6. 中国人民大学校刊编辑部. 人民共和国的建设者：中国人民大学校友专访录. 北京：中国人民大学出版社，1987，1992，1997，2002，2007，2012.
7. 中国人民大学高等教育研究室，校史编写组. 中国人民大学大事记：1937年7月—1992年2月. 北京：中国人民大学内部出版，1992.
8. 文化部党史资料征集工作委员会，《延安鲁艺回忆录》编委会. 延安鲁艺回忆录. 北京：光明日报出版社，1992.
9. 中国人民大学党委组织部，校史编写组，高等教育研究室. 中国共产党中国人民大学组织史资料：1937年7月—1991年12月. 北京：中国人民大学内部出版，1992.
10. 中共北京市委党史研究室. 北京革命史简明词典. 北京：北京出版社．1992.
11. 中国人民大学高等教育研究室，校史编写组. 中国人民大学人物传：第一卷. 北京：中国人民大学内部出版，1993.
12. 中国人民大学高等教育研究室，校史编写组. 中国人民大学人物传：第二卷. 北京：中国人民大学内部出版，1995.
13. 吴洪浩. 不灭的诗魂. 济南：山东画报出版社，1996.
14. 中国人民大学中共党史系. 胡华纪念文集. 北京：中国人民大学出版社，1997.
15. 周密. 一个延安孩子的回忆：忆周扬. 呼和浩特：内蒙古人民出版社，1998.
16. 吕骥. 吕骥文选. 北京：人民音乐出版社，1988.
17. 刘葆观. 在神州大地上崛起：中国人民大学回忆录（1950—2000）：第一卷，第二卷．北京：中国人民大学内部出版，2000．
18. 李业道．吕骥评传．北京：人民音乐出版社，2001．
19. 浙江省教育志编纂委员会．浙江省教育志．杭州：浙江大学出版社，2004．
20. 伍雍谊．人民音乐家吕骥．北京：中国文联出版社，2005．
21. 北京市教育委员会．北京教育年鉴2006．北京：开明出版社，2006．
22. 中国人民大学高等教育研究室，校史编写组．血与火的洗礼：从陕北公学到华北大学回忆录（1937—1949）．北京：中国人民大学内部出版，2007．
23. 中国人民大学高等教育研究室，校史编写组．中国人民大学纪事：1937—2007．北京：中国人民大学内部出版，2007．
24. 中国人民大学高等教育研究室，校史编写组．造就革命的先锋队：第一卷．北京：中国人民大学内部出版，2007．
25. 切尔卡斯基．艾青：太阳的使者．宋绍香，译．北京：中国文史出版社，2007．
26. 中国高等教育学会组．共和国老一辈教育家传略．北京：高等教育出版社，2008．
27. 郝怀明．如烟如火话周扬．北京：中国文联出版社，2008．
28. 中国人民大学校史研究丛书编委会．求是园名家自述：第一辑．北京：中国人民大学出版社，2010．
29. 刘涓迅．革命史家胡华．北京：当代中国出版社，2011．
30. 高慧琳．群星闪耀延河边：延安文艺座谈会参加者．北京：人民文学出版社，2012．
31. 张敏杰．青春之歌．北京：团结出版社，2013．
32. 郭久麟．贺敬之青年时代的生活与创作．枣庄师专学报，1985（2）．
33. 艾清明．我的父亲：艾青．大舞台，1994（4）．
34. 秋霞．人，应该怎样生；路，应该怎样行：贺敬之夫妇谈《雷锋之歌》．党建，1998（3）．
35. 周巍峙．周扬与文化建设：在周扬同志诞辰100周年纪念大会上的发言．炎黄春秋，2009（1）．
36. "白毛女"田华．电影，2012（10）．
37. 冯群．田华：人民心中的"白毛女"．中华儿女，2012（14）．
38. 沈黎明．田华：为祖国的文艺事业呕心沥血一辈子．黄河黄土黄种人，2014（9）．
39. 孟西安．延安永在他心中：访著名诗人贺敬之．时代文学，2015（1）．
40. 顾呈波．田华：在磨难中绽放．中华家教，2016（1）．
41. 董贻正，薛传钊．巧遇诗人艾青和作家李又然．文学教育，2016（3）．

42. 阿庚．难忘贺敬之．文史精华，2016（8）.

43. 于力．关于青年修养的几个问题．联大生活：第一期,1947（3）.

44. 丁浩川．为工农兵服务：知识分子的路．联大生活：第三期,1947（5）.

45. 浦化人．大反攻前夜的教师节．联大生活：第四期,1947（6）.

46. 舒强．文艺工作要走群众路线．联大生活：第四期,1947（6）.

47. 浦化人．我们应该用什么态度来纪念中共生日．联大生活：第五期,1947（7）.

48. 李洁非．不同的周扬．中华读书报，2007-06-13.

49. 牛亚皓．黄河大合唱冼星海谱曲6天6夜 为抗战发出怒吼．成都商报,2015-08-31.

50. 张燕．冼星海：六天六夜写出《黄河大合唱》．文汇报,2016-02-29.

图书在版编目（CIP）数据

人民的大学：华北联合大学：1939—1948 / 中国人民大学前身时期校史读物编委会编. — 北京：中国人民大学出版社，2017.9
ISBN 978-7-300-24936-0

Ⅰ.①人… Ⅱ.①中… Ⅲ.①华北联合大学-校史-1939—1948 Ⅳ.①G649.29

中国版本图书馆CIP数据核字（2017）第213209号

中国人民大学前身时期校史读物
人民的大学
华北联合大学（1939—1948）
中国人民大学前身时期校史读物编委会　编
Huabei Lianhe Daxue（1939—1948）

出版发行	中国人民大学出版社				
社　　址	北京中关村大街31号		邮政编码	100080	
电　　话	010-62511242（总编室）		010-62511770（质管部）		
	010-82501766（邮购部）		010-62514148（门市部）		
	010-62515195（发行公司）		010-62515275（盗版举报）		
网　　址	http://www.crup.com.cn				
经　　销	新华书店				
印　　刷	固安县铭成印刷有限公司				
开　　本	720mm×1000mm　1/16		版　次	2017年9月第1版	
印　　张	14.25 插页3		印　次	2024年4月第2次印刷	
字　　数	182 000		定　价	49.00元	

版权所有　侵权必究　印装差错　负责调换